你的副业变现指南

苏禾 著

沈阳出版发行集团
沈阳出版社

图书在版编目（CIP）数据

你的副业变现指南 / 苏禾著 . -- 沈阳 : 沈阳出版社 , 2024. 11. -- ISBN 978-7-5716-4571-7

Ⅰ . F307.5

中国国家版本馆 CIP 数据核字第 2024WD3753 号

出版发行：沈阳出版发行集团 | 沈阳出版社
　　　　　（地址：沈阳市沈河区南翰林路 10 号　邮编：110011）
网　　　址：http:www.sycbs.com
印　　　刷：三河市京兰印务有限公司
幅面尺寸：165mm×235mm
印　　　张：12
字　　　数：150 千字
出版时间：2024 年 11 月第 1 版
印刷时间：2024 年 11 月第 1 次印刷
责任编辑：萧大勇
封面设计：末末美书
版式设计：容　安
责任校对：郑　丽
责任监印：杨　旭

书　　　号：ISBN 978-7-5716-4571-7
定　　　价：58.00 元

联系电话：024-24112447
E-mail：sy24112447@163.com

本书若有印装质量问题，影响阅读，请与出版社联系调换。

前言

副业的意义与价值

普通大众在日常生活中谈及的副业，一般指的是人们的次要收入来源。与人们的主要职业（主业）相比，副业的特点有：主业以获得维持个人生计所需的基本收入为目的，而副业则以提高生活条件为目的，副业与生计无关；除却特殊情况外，从事副业的时间比从事主业的时间要短；主业较为固定，副业则容易变更。

相较于几十年前，如今大众的副业形式更加多样化。这主要得益于互联网的发展。大众可以在互联网上销售产品或服务，参与电商平台的经营，也可以从事网络营销和推广，还能借此联络到更多的客户，沟通也更加便捷。

由于互联网的便利性和全球性，大众可以跨越地域界限，拓展更多潜在的客户和市场。在这种情形下，副业是相对灵活、容易实现的收入渠道。

大众发展副业通常是为了获得额外的收入，减轻经济压力，更快实现财务自由。通过发展副业，可以拥有更加多元化的收入来源，减轻对单一工作或收入的依赖。在大环境经济情况不确定时，拥有多个收入来源可以更好地应对突发情况，拥有更多的经济安全感。

副业通常与兴趣、爱好、特长相关，因此副业不但可以赚钱，还有助于发展个人兴趣和特长。做自己喜欢、擅长的事情，是一种令人愉悦和充实的活动，因此我们会更容易从副业工作中获得满足感。

副业也可以是职业发展的一部分，通过参与副业，我们可以学到新的技能，拓展知识领域，并在实践中提升职业竞争力。比如，通过开设副业，可以学习到更多的管理技能、市场营销知识等，从而提升职业素质和领导能力。

副业还可以扩大社交圈获得人脉资源，认识更多的合作伙伴，建立更多的客户关系。这些人脉也许可以帮我们更好地拓展业务范围，获取更多的合作机会，为后期自己创业打下基础。

总之，通过发展副业，可以让我们在经济、个人成长和职业发展等多个方面获得实际的利益。这种多元化的收入和全面性的发展可以使我们更好地实现自身价值，在职业领域获得更多机会，尽早实现财务自由。

目录 CONTENTS

Part 1　发掘潜在的副业机会

1.1　评估个人技能、兴趣是否有发展为副业的可能　　/002

1.2　挖掘尽可能多的副业机会　　/007

1.3　副业市场调研与竞争分析　　/014

1.4　评估副业机会的可行性　　/023

1.5　评估副业机会的可持续性与市场趋势　　/029

Part 2　选择最优副业

2.1　线下副业（上）：开设实体店铺　　/036

2.2　线下副业（下）：提供服务　　/041

2.3　线上副业（上）：电商　　/047

2.4　线上副业（下）：写作　　/055

2.5　资产副业：投资与房地产投资　　/060

2.6　灵活副业：兼职工作与自由职业者　　/066

Part 3　规划与准备副业之路

3.1　设定副业发展目标与时间规划　　　　　　　　　　/072

3.2　学会管理时间、资金和资源　　　　　　　　　　　/076

3.3　建立有效的自我管理和自我激励机制　　　　　　　/081

3.4　寻找合作伙伴，建立团队协作　　　　　　　　　　/086

Part 4　市场推广与客户管理

4.1　建立个人品牌与"人设"　　　　　　　　　　　　/094

4.2　精准引流和"涨粉"　　　　　　　　　　　　　　/098

4.3　细分领域，打造主次平台生态圈　　　　　　　　　/103

4.4　口碑营销与重复消费策略　　　　　　　　　　　　/108

Part 5　财务管理与风险控制

5.1　设定个人财务目标与预算管理　　　　　　　　　　/114

5.2　了解相关税务与法律事项　　　　　　　　　　　　/119

5.3　风险评估与保障措施的规划和实施　　　　　　　　/125

Part 6 副业成功的秘诀

6.1 时间管理技巧与优先级排序　　　　　　　　　　/132
6.2 设立高效能的工作空间　　　　　　　　　　　　/137
6.3 成功副业者的共同特质：自信和善于学习　　　　/142
6.4 自我评估与调整，提升成功概率　　　　　　　　/147

Part 7 案例分析：不同行业的副业成功故事

7.1 个人在线教育创业者的案例分析　　　　　　　　/154
7.2 利用社交媒体垂直社区的成功案例　　　　　　　/159
7.3 精准定位房地产客户的副业成功故事　　　　　　/164
7.4 业余作者最快出书的秘诀　　　　　　　　　　　/170
7.5 个人兴趣和社会责任的结合：环保爱好者的副业故事　/178

Part ①

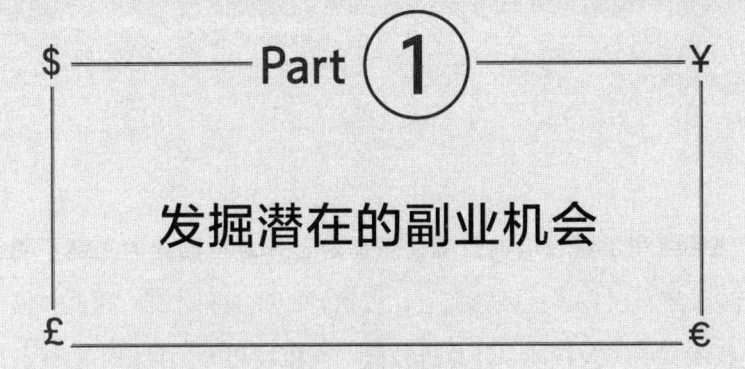

发掘潜在的副业机会

1.1 评估个人技能、兴趣是否有发展为副业的可能

正确评估和了解自己的技能、兴趣是选择合适副业的关键步骤。我们需要先了解自己在哪些领域拥有比较独特的技能和才能。这些技能可以是专业技能、手工艺技能、计算机技能、交流技巧等。我们不妨逐条列出自己擅长的技能,以便更清晰地认识自己,为选择适合的副业打下基础。

不妨思考以下问题,并写出自己的答案(见表1-1)。

表1-1 评估自己的技能才能

问 题	答 案
我在工作中积累了哪些专业技能?	
我擅长哪种手工艺或艺术形式?	
我对计算机有哪些了解,掌握了哪些技能?	
我在交流和人际关系方面是否有特别的长处?	

除了技能和才能，我们还需要评估个人兴趣和爱好。兴趣是我们持续投入时间和精力的动力源泉，而符合爱好的副业能够给我们带来更大的满足感，并提高成功的可能。思考以下问题可以帮助我们更好地了解自己的兴趣和爱好（见表1-2）。

表1-2 评估自己的兴趣爱好

问　题	答　案
我有哪些兴趣爱好？我愿意为它们投入时间和精力吗？	
我对哪些话题或领域有独特的热情？	
我喜欢与哪些类型的人或群体合作？	

对自己的技能和兴趣有了清晰认识后，就可以尝试寻找相关的副业。比如，如果喜欢写作，可以尝试编辑、自由撰稿人；爱好健身，可以了解健身教练、健康博主、健身课程设计等相关副业；喜欢手工艺，可以试试网上手工教程、手工艺品销售、手工艺博客等。

当然，你可能不了解与自己的兴趣爱好相关的副业，那你可以试试这几种方法。

1. 根据主要关键词，到招聘网站检索，可以多试几个关键词；
2. 在各类搜索引擎、App上检索；
3. 询问他人，看他们是否了解。

如果还是没有获得相关信息，可以考虑下面这种更详细的分析方法。

1. 列出一项想重点发展的技能或爱好。
2. 与其相关的产品有哪些？
3. 这些产品从哪里生产？

4. 这些产品怎么到人们手中?
5. 相关场所有哪些?
6. 相关工作人员是谁?
7. 那些工作人员主要做了什么工作?
8. 认识的人中是否有人从事与此相关的工作?

我们来看一个具体的例子。你也可以在旁边写下你的例子(见表1-3)。

表1-3 副业选择分析表

问 题	答 案
爱好	阅读
相关产品	纸质图书、电子阅读网站、电子文档、手机、iPad、kindle等电子设备、书签、图书支架等周边产品
生产	出版社、图书公司、印刷厂、互联网公司、各厂家(其他略)
产品怎么到人们手中	线下或线上购买、浏览相关网站、下载
相关场所	书店、图书馆、书展、旧物交易处、咖啡馆、商店
相关工作人员	作家、插画师、编辑、校对、设计师、排版员、图书策划、作家经纪人、印刷厂工人、快递员、书商、书店工作人员、室内装修设计、图书陈列师、图书管理员、导购、选书人、书评人、讲书人、废纸回收员、程序员、客服、运营、流量推广人等
工作内容	写作、画画、编校稿件、设计、图书排版、与相关人员沟通(其他略)
认识的相关人员	(略)

之后,我们可以试着将这些职业和自己的技能、兴趣结合起来。做不到专业也没关系,可以在实践的过程中慢慢学习、提高。

Abigail 在一家小酒吧里当服务员，平时喜欢种花和养热带鱼。

　　一天，Abigail 在阳台上栽花时，突然有了一个念头：是否可以将自己的爱好和技能转化为副业呢？

　　Abigail 评估自己的技能和兴趣。她首先想到自己的主业，思考是否可以通过组织品酒活动来分享品酒知识。但她仔细分析过后，觉得难度有点大。

　　接着她想到自己对花卉的种植和养护有丰富的经验，而她鱼缸里的鱼儿都活蹦乱跳，还产过很多小鱼。

　　Abigail 思考能否通过什么渠道销售花卉或热带鱼，或者创建相关的账号分享种花、养鱼经验。

　　Abigail 系统了解花卉供应商和养鱼用品的供应链，以确保她能够获得物美价廉的产品。她通过网络，与一些花农和水族用品店建立了联系，为副业的实现奠定了基础。

　　她考虑通过小型市集和当地活动来销售和宣传她的产品和服务。同时，她还打算利用社交媒体做宣传，因此还向擅长摄影的朋友学习了一些摄影技巧，以提升宣传能力。

如果暂时想不到可以发展为副业的兴趣和技能时，可以浏览一些招聘网站，查看各种不同行业和领域的职位。这些网站上会有全职、兼职、远程工作等不同类型的职位。

如果对某些职位有兴趣，或者职位描述中有吸引你的工作内容，可以仔细阅读职位所需的技能和经验。将这些技能整理一下，思考是否已经具备一些职位所需的技能，以及是否有潜力在短期内学会其他需要的技能。

对于那些尚未掌握的技能，可以搜一下是否有在线课程、培训或资源可供利用。另外还需要确定自己是否有时间和兴趣学习这些技能。

如果可能，可以在当前工作环境或业余时间里试着应用新学到的技能。这有助于更深入地了解自己是否真正喜欢并擅长这方面的工作。

除此之外，还可以与在相关领域工作的专业人士交流，了解他们的职业体验，以获取更多建议。

1.2

挖掘尽可能多的副业机会

在选择副业的时候,可以把目光放远一点,尽可能挖掘更多的副业机会,而不是局限于某一种副业。这样做不但能分散风险,还能释放个人潜力。如能成为多面手,获得客户的赞誉和可观的报酬后,我们在精神上也会更满足。

一、多了解,找到最适合自己的副业

从某一种技能和兴趣出发,可以找到很多不同的职业,而这些职业中就存在许多副业机会。

比如,如果你擅长写作,首先可以考虑撰写文章或社交媒体内容等。其次,你还可以考虑分享写作技巧,教其他人如何写作。如果你还有闲暇时间,可以试着接一些润色、校对等方面的工作。当你认识了不少作者、编辑,对某些类型的选题有自己的想法后,可以试着做一名策划。如果你

同时还善于交流，可以当一名作家经纪人，帮其他作者推销选题，或者帮出版社联络合适的作者。

当然，我们的时间和精力有限，全都做、都做好是不可能的。我们可以先选择自己目前能做好的，以后再慢慢增加或更换副业类型。不同的副业，需要的具体能力和能带来的回报是不同的，多尝试一些副业，找到自己最适合的赛道后，就可以考虑全力投入。

二、拓展社交圈和人脉关系

人脉关系是发现副业机会的重要途径。有的人不喜欢社交，很少与不熟悉的人互动，好友寥寥无几；有的人不希望把社交变得太功利，不想和认识的人有利益往来，因此也不会利用人脉关系。这些都是可以理解的。如果不喜欢社交，可以考虑与其他人交流少的副业，或者将交流尽量放在互联网上，不告诉周围的人自己在做副业。如果希望利用社交，或者擅长这方面，则可以尽量利用起来，因为这确实是一个增加副业机会的好办法。

在拓展这类社交圈之前，我们可以先明确自己的社交目标和个人价值观。比如，我们去参加一个社交活动，可以先想想自己是为了寻找潜在客户、合作伙伴，还是获取行业专家的指导。

如果有机会出席行业活动这些同行参与较多的社交场合，我们可以尽量争取，并尽力表现。这些场合是结识新人和扩展人脉的绝佳机会。在这些活动中展示自己的专业素养，主动介绍自己并与他人建立联系很可能带来一些新的创业项目。

社交媒体也是拓展人脉的强大工具。我们最好能积极参与专业群组、行业论坛，与业内专家和同行进行互动。

在拓宽社交圈后，我们还需要与圈内朋友保持联系。可以定期或在某些节日发送问候信息、在社交媒体上与对方互动，或邀请他们一起参加行业活动等。需要特别说明的是，如果发送的问候信息是群发，还不如不发。如果可能，尽量将问候信息个性化，比如提到一些特定的经历、共同的回忆或对方的兴趣爱好等，使问候更亲切和个性化。没有时间和精力的话，可以选择一些重要联系人问候。

> Daniel一直觉得自己的工资太低了，但他暂时想不到要做什么，所以也没有开展副业。
>
> 由于工资较低，购买物品的时候他喜欢在各个购物App比价，寻找折扣。他一直觉得，能以较低的价格买到别人高价买到的东西是很开心的一件事。
>
> 不过，Daniel有时也会被一个问题困扰：便宜的货会不会是假货，或者质量不好？
>
> 网上很多人都说一分钱一分货，也有很多人现身说法，说自己在某某店买的东西跟在实体店铺买的不一样，所以Daniel也不太放心这些网上购物平台，疑心自己买到"智商税"。
>
> 平时买些便宜的衣服、鞋子也就算了，遇到需要买手机这类大件的时候，Daniel就无法下定决心了。官方店铺肯定是正品，可是一点儿折扣都没有。有折扣的地方不知道真假，可是能便宜几百元甚至一千多元。要知道，Daniel自己买菜做饭一个月才花几百元，省下的钱多买几十斤肉能吃好久呢。
>
> Daniel辗转反侧好几天，一直下不了决心。
>
> 这天，堂哥过生日，请了Daniel和几个朋友一起吃饭。席

间，Daniel 听说其中一人是开手机店的，便忍不住向他打听相关情况。

堂哥的这位朋友说，只要在靠谱的店铺购买，质量是没问题的，完全可以放心。

Daniel 又问，那他可不可以从朋友的店里拿货。

朋友笑道："我的店里没这么便宜，我们进货价都比这个贵。"

Daniel 听了，更不放心了："那他们折扣这么低，真的没问题吗？那他们赚什么？"

这位朋友大笑："他们一天出货几万台，甚至几十万台，我店里一个月才卖多少？我的拿货价跟他们没法比。放心吧，我自己有时候也在网上买，然后在店里卖。质量一样的，都是全国联保。"

Daniel 不好意思地笑了笑。当晚，他跟这位朋友聊了很多，知道了网上的货品也不是全都没问题，需要在靠谱的店下单。Daniel 从他那里学到了很多知识，也分享了一些自己的省钱小妙招。

两人谈得投机，Daniel 灵机一动，说："可不可以我在网上下单，然后给你卖？"

朋友点点头说："当然可以。不过这玩意儿的行情价每天都有浮动，如果遇到品牌方大放水，可能会跌价。"

Daniel 说："这种概率比较小吧？"

朋友说："是不太高，我是想提醒你，有跌价的风险。"

那天回去之后，Daniel 就开始关注行情价。他能买到的最低折扣，如果转手卖给这位朋友，能赚一百多元。虽然不多，但只是下单、取快递、跑腿送货，并不花什么精力。如果他能用爸妈的账号再下单2个……如果有更多账号……

Daniel不由得有些兴奋。

这可比他上班累死累活，还受领导的气轻松多了。可惜，这种大折扣不多，只有大促的时候才有，每个人的购买数量也有限制，不然他能赚多少呀。

Daniel由于常年"抠搜"，喜欢到处比价，知道有些网友会给其他人代下单。比如，他们有某网站的会员，会员下单有折扣，没有会员的人偶尔需要买一单，又不想买会员资格的时候，会找他们代下，给他们几元或几十元的代下费。

Daniel想，如果找这些人代下，他们可能会比较乐意。他在网站上转了一圈，发现已经有"同行"在这么干了。Daniel想，果然，太阳底下无新事，他知道得太晚了。不过，按照他们开的均价，成交一单他还是能赚几十元的。积少成多，反正也费不了什么事。

就这样，Daniel渐渐开始了这门副业，也渐渐与那位开手机店的朋友熟悉起来，经常去找他，偶尔还会帮忙看店。

那位朋友人缘极好，经常和哥们儿一起吃饭，也经常有人来找他玩。有一次，Daniel在手机店里遇到几个人过来，便跟大家一起聊了起来。聊着聊着，Daniel知道其中一位是开运动品牌店的。Daniel一听，自己前几天刚买了一双运动鞋，也不知道真假呢，便向他请教。

令Daniel没想到的是，这是他另一门副业的开始。这位开运动品牌店的朋友和开手机店的朋友说得差不多，就是靠谱的店里东西都是可以的，最低折扣价甚至比他的进货价还低。

Daniel 算了算，虽然代下一双鞋赚不了多少，但是单价成本低，不用压太多钱——要知道，他之前请人代下手机，是先拍下订单，付了钱，对方下单，他收到货验明没问题后再确认收货。每拍下一单就是几千块，这也是限制他找更多人代下单的原因。实在没那么多钱啊。

而鞋子就不一样了，单价便宜得多，他可以找更多人建立起信用联系——多成交几次，大家知道他值得信任，就不会非让他先下订单，可以直接收到货后打款给对方。

说干就干，Daniel 着手联系之前代下过的人，又给很多说自己可以代下的人发了私信，邀请他们加群。

经过一段时间，Daniel 的代下单业务越来越成熟。经过朋友和朋友的朋友介绍，他认识了更多店主，偶尔也会代下单一些大牌护肤品和首饰等。遇到大促，下单多的话，他和家人真是拆快递拆到手软，累得半死。不过，这种累可比他上班那种累令人愉快多了。可惜，大促不常有。

经过这些事，Daniel 也深刻明白了人脉关系的重要性。

如果那年堂哥过生日没有邀请他，如果他嫌麻烦不去，如果他跟别人聊不来，没有认识那么多人……他真的不会想到要做这个副业，即使想到了，也很难做起来。

因此，逢年过节，还有对方生日的时候，Daniel 都会很认真地编写问候信息。他以前一直记性不好，有时连自己的生日都想不起来，不过真下决心去做，还是有办法的——他在手机日历和某生日提醒App上备注了对方生日，还在给对方的备注名里做了简单备注。几重保险下，他很难错过对方生日。对于特别重要的联系人，他还设置了提前几天提醒，好准备礼物或饭局。

逢年过节的时候，他会给重要联系人发专属信息。开头有对方称谓，然后是"fact+feeling"格式的信息。这是他在网上看到的一个小技巧，看完后他觉得有道理，便照做了，目前看来效果还不错，至少能收到对方的回复。要知道，之前群发拜年短信的时候，很少有人会回复自己。

所谓"fact+feeling"格式，就是用个人化的"事实＋感受"来拉近关系。比如说，"去年跟您一起做了某事，我学到了什么什么，受益匪浅，感谢您的帮助，祝您……"

当然，根据关系和对方的性格，措辞风格会有所调整。

拓展社交圈和建立有意义的人脉关系不仅是副业成功的关键，也是主业发展的重要组成部分。不过，我们也不必刻意去结交这样的人脉关系。与朋友交往，贵在交心。彼此真心对待，才有可能形成互帮互助的关系。如果一直想着从对方身上得到好处，或者与对方交流时虚情假意，那对方很可能会看穿你的意图，也不会成为你的"人脉"。

尽可能找到更多的副业机会，尽可能与人为善，多与人真诚互动，会让我们的副业计划更可能获得成功。

1.3

副业市场调研与竞争分析

在有了大致的副业方向后，了解副业市场并对竞争情况进行分析也是很有必要的。这主要包括了解目标客户、了解市场规模和趋势以及了解竞争对手。

一、了解目标客户

如果想要通过副业赚钱，了解目标客户是确保副业成功的关键一步。如果我们可以深入了解潜在客户的需求、喜好和行为，无疑可以更有针对性地开展业务，也就更有可能获得成功。

（一）找到目标客户群体

我们需要明确目标客户是谁。不同的副业，对目标客户群体的描述是不同的；同样的副业，面向的客户群体不同，产品和交流风格也不同。

比如，插画师的目标客户是各个出版社的编辑或公司老板等。由于他们的产品有各自不同的风格和类型，他们对插画也有不同的偏好，能付出的酬劳也不同。有些出版社和公司压缩成本，对插画质量要求不高，相应的，他们能付出的报酬也不高；有些则相反，有自己的审美标准，对插画的要求高，能给出的报酬也高。

再比如，如果想将手工艺品制作的技能发展为副业，那面对的客户群体可能是单身男女、年轻夫妇、已为人父母的中年人或者帮公司选购礼物的客户等。这些人有各自的偏好和特点，购买手工艺品的目的也各有不同。有些客户群体偏好制作精美、包装大气的礼品；有些客户群体可能喜欢小巧可爱、有创意的摆件。

在选择目标客户的时候，可以根据自己的能力、偏好、副业目标等综合进行考量。

> Isabella 从小喜欢画画，有一定的绘画基础。一次偶然的机会，Isabella 看到一张游戏海报，听说了上面的插画价格后，觉得自己也可以试着将插画发展为副业。
>
> 当然了，Isabella 对自己的绘画水平有一定自知之明，知道自己暂时画不了海报上那样的画，因此她将目标放在相对简单的插画上。
>
> Isabella 浏览了许多网站，加了很多群，又把自己以前画过的画整理成作品集，希望在遇到机会时可以把握住。
>
> 一天，Isabella 看到 QQ 群里有图书编辑在找插画师，便主动加好友自荐。编辑看过她的作品集后，表示自己需要的插画风格跟 Isabella 之前的风格不一样，需要更可爱、温馨一些。Isabella 很想在书上看到自己的名字，不想错过这个机会，

就说可以先看看编辑的例图，看自己是不是能模仿。

编辑将自己需要的插画风格发给 Isabella 做参考，Isabella 觉得应该可以画，便告诉编辑没问题。编辑让 Isabella 报价，Isabella 根据自己可能需要付出的时间和精力，报了一个相对较低的价格。

编辑同意了她的报价，给她发了需求，让她先出线稿。

Isabella 很兴奋，觉得这是自己副业成功的开始。她当即就画起来。

开始画以后，Isabella 才发现，这种风格的画比自己以为的难，总是把握不好。而且图片要求也比她刚开始以为的高，有很多细节需要处理，不是她最开始以为的简单画一下就可以。

Isabella 根据编辑的要求改了几次，总是达不到编辑的要求，只好放弃了这次机会。

有了这次教训后，Isabella 觉得，这样遇到什么类型都去尝试会浪费许多时间，对自己的能力也是一种浪费——她相信，自己不是画不好，而是没有和客户的需求匹配。

她开始调查了解市场上常见的插画风格，寻找与自己的风格匹配的客户群体。

她去书店翻阅了很多童书，觉得里面的插图大多不是自己喜欢的风格。有几本书的插图是她喜欢的风格，却跟她平常的画风相距甚远，她不想勉强自己做不擅长的事情。她又翻了一些画册，大多是名家作品，她这辈子可能都画不了那么好。

这次书店之旅让 Isabella 觉得有点泄气，不知自己以后该如何是好。

过了一个月，Isabella准备买一些衣服。她在购物网站上挑选T恤的时候，偶然看到一件红色T恤上的图片很好看，不由得点进去细看。

看着看着，她不由得坐直了身子。

她突然想到她可以给T恤商家画图！不，不只是T恤，其他东西，马克杯、笔记本、帆布包、手机壳等，也需要插图！

Isabella研究了几天，觉得自己之前的作品里就有画风合适的，因此越想越觉得可行，便决定将文创商家列为自己的目标客户群体。

（二）调查潜在客户的需求

在找到目标客户群体后，为了更好地服务客户，可以对潜在客户的需求进行调查了解。

很多时候，我们有许多竞争者，大家提供的产品或服务同质化严重。针对这种情况，了解潜在客户的实际需求可以帮我们提高竞争力。可以通过在线调查、社交媒体投票、直接沟通等方式调查了解潜在客户。

比如，如果你的目标客户群体是远程工作人群，那可以通过与远程工作者互动，了解他们在远程工作中遇到的问题。他们的问题可能是关于工作场所、工具等方面的，在了解以后，你就可以根据他们的需求制定相应策略。

（三）了解竞争对手的客户群体

分析竞争对手的客户群体也是了解目标客户的有效途径。通过观察竞争者的客户群体，我们可以发现一些差异化机会，建立自己的特色产品或服务。

比如，如果你想开一家餐厅，可以看看其他餐厅的客户群体。有的餐厅可能以学生为主，有的可能以游客为主，有的可能以红白喜事接待为主，有的则可能聚集了很多拍照、录像的人群。你可以通过了解这些客户的需求，调整自己的服务内容和推广策略。

（四）持续收集反馈并调整

时代在不断变化，客户需求和市场环境也在不断变化，因此对客户群体的了解也不是一劳永逸的。通过持续收集反馈，我们可以及时调整自己的副业策略，确保与客户需求保持一致。

二、了解市场规模和趋势

在选择副业时，市场规模较大、参与者较少、上升潜力较大的类型是最优选项。我们可以考虑采用以下方法了解市场规模和趋势。

（一）利用行业报告和研究数据

行业报告和研究数据是了解市场规模的首选工具之一。这些报告通常包含详细的市场分析、增长趋势和竞争格局。

获得行业报告和研究数据的途径有很多，具体选择哪种取决于你所关注的行业和市场。以下是一些常见来源。

1. 市场研究公司：一些专业的市场研究公司会提供详细的行业报告和研究数据。可以直接访问它们的网站或通过专业数据库访问它们的研究报告。

2. 政府机构：政府部门和机构也会提供一些关于行业和市场的统计数据和研究报告。这些机构主要有国家统计局、商务部门以及其他经济研究机构。

3. 行业协会和组织：行业协会和组织也会发布与本行业相关的报告和数据。这些组织专注于维护和推动其所属行业的发展，并尽可能为其成员提供关键信息。可以直接访问这些组织的网站或与其联系以获取更多信息。

4. 商业新闻和财经媒体：商业新闻网站、财经杂志和报纸也会发布与市场趋势和行业动态相关的文章。这些报道中可能会有与市场规模、增长预测和竞争格局相关的信息。

5. 大学和研究机构：大学和研究机构的经济学、商业学、市场营销等学科部门可能会对与市场规模和趋势相关的信息进行研究并发布报告。可以查阅大学图书馆、研究机构的网站或学术数据库获取这些信息。

6. 专业数据库：一些专业数据库会提供有关报告和数据。可以通过大学图书馆或商业图书馆访问这些数据库。

获取这些报告和数据可能需要一定的费用。可以先看看政府机构和行业协会的报告，很多时候这些报告是免费的。如果看完后还有需要，再考虑付费购买其他数据。

（二）向目标客户调查

直接向目标客户群体进行调查也是了解市场规模的有效手段。可以采取问卷调查或面对面访谈的方式，了解潜在客户对产品或服务的需求和兴趣反馈。

（三）观察竞争者和行业趋势

观察竞争者和市场趋势也有助于了解市场规模。可以尽量收集或合理推断竞争者的成本、毛利率等，观察他们的客户基础、服务范围，估算市场份额和行业趋势。

（四）利用在线分析工具

互联网上有丰富的在线分析工具，我们可以利用搜索引擎的关键词工具、社交媒体洞察和网站分析等工具，掌握关键信息。

比如，在有些网站页面，可以了解到该页面获得的赞、转发、评论、收藏等指标，有的还能看到受众地理位置等信息。此外，还可以直接或间接获得点击率、关注者增长数量等指标。有些专业的网站分析工具上还有网站访问者、流量来源、用户行为等方面的详细数据。

这些工具提供的数据可以帮助提高业务洞察能力。通过分析这些数据，我们可以更好地了解受众，优化副业策略，改进产品或服务。

（五）参与行业活动和社群

参与行业活动和社群可以直接深入了解目标市场的实际情况。在专业会议、展会、在线社群等场合与同行和潜在客户互动，可以得到比数据更真实、实用的信息。

三、了解竞争对手

了解竞争对手的策略、优势和弱点，有助于制定更具竞争力的战略。

（一）确定主要竞争对手

需要先明确主要竞争对手是谁。通常，他们是同一领域内的其他个体、公司或品牌。明确竞争对手后，可以有针对性地分析他们的业务模式和市场表现。

（二）分析竞争对手的优势和弱点

了解竞争对手的优势和弱点是制定战略的基础。可以分析对方产品或服务的市场份额、特色、定价策略，以及客户反馈等信息，从中找到可以利用的机会，并提前熟悉可能会遇到的挑战。

（三）调查竞争对手的营销策略

竞争对手的营销策略会直接影响市场的竞争格局。可以关注对方的在线和离线营销活动，包括广告、社交媒体推广、参与展会情况等，了解他们的宣传方式。

比如，如果你考虑提供健身培训服务，那在了解竞争对手的营销策略时，可以重点了解他们是否专注于特定平台、是否提供免费或低价试用课程等。从对方客户的参与情况和反馈，可以了解到这些策略的效果。

（四）关注客户反馈和评论

客户反馈是了解竞争对手表现的重要来源。可以通过查看线上评论、社交媒体反馈等方式，获取客户评价，了解竞争对手的产品或服务的实际用户体验。

（五）制定差异化战略

了解竞争对手后，就可以考虑如何在市场中找到差异点。我们可以在产品特色、定价策略、客户服务等方面展现独特之处，更好地吸引目标客户。

> Lily从小喜欢种花养花，工作以后，也会经常购买鲜花。她发现，跟她有同样爱好的女生很多，有的同事还在某大型平台订购了一整年的鲜花花束。
>
> Lily加过一些花农的联系方式，知道如果采购量大，制作花束的成本并不高。Lily将各种耗材的成本和人工费做了估算后，觉得如果采购当季较便宜的鲜花，加上符合年轻白领喜好的包装，通过薄利多销的方式，应该可以将附近几座写字楼的生意拿下。
>
> 之后，在收花的时候，Lily与送货小哥攀谈，对小哥每周送的鲜花数量、楼栋范围以及送花单价有了大致了解。Lily又通过提前到楼下咖啡店观察上班高峰的人流量，附近外卖店的

订单量，以及与快递员、保安大叔、小店老板等人的交流，大致了解了附近几栋写字楼的坐班人数和男女比例，看是否有增加销量的机会。

Lily的主要竞争对手是某鲜花销售平台。通过收集数据和分析，Lily发现，该平台上较便宜的鲜花花束很单薄，小小一把，花朵也小小的；稍微好看点的大花束则价格较高。另外，由于采用快递运输，鲜花送到客户手里的时候往往状态不是很好，有时候还会有压伤、断枝等情况，花束的形态也会受影响，需要客户自己调整好。在宣传营销方面，该平台请了一位知名度很高的女明星代言，提升了知名度。对于第一次订购的客户，平台会送小花瓶，遇到节日还有特价活动等。

在大致了解过市场规模和竞争情况后，Lily觉得自己可以利用地理优势，节省外包装和运送费用，并在提升服务品质和产品美观度上下功夫。她做了一份更具体的成本预算，将售价定在相对较低但有一定利率的区间，又做了一些推广方案，比如同一公司的客户几人一起下单会有优惠等。之后，她又做了一些样品，向周围的同事和好友征求意见。

在深入了解副业市场和竞争情况后，我们能够更明智地选择副业方向，并制定更具竞争力的战略。如果副业投入成本高，这种了解更是十分必要的，能在一定程度上帮我们规避风险。

1.4 评估副业机会的可行性

在开展副业时，选择一个具有可行性的机会可以降低风险，避免损失。我们需要考虑的因素有很多，其中最重要的是进行成本与回报分析。

在评估副业机会时，请务必考虑到成本与回报的平衡。我们需要清晰地了解启动和运营副业所需的成本，同时估算潜在的回报。

一、成本分析

（一）启动成本

启动成本主要指开办副业所需的初始投资，包括以下几方面。

1. 设备和工具费用：包括购买生产、服务或销售所需的设备和工具的费用。如电脑、生产机器、专业工具、软件等。

2. 场地租赁或装修费用：如果副业需要独立场地，则需要考虑租赁费用或者场地装修费用。装修费属于一次性投入。如果副业项目特殊，对装修有特别需求，还需要考虑某些需要适应特定需求的费用。比如，如果想开一家水上餐厅，所有桌椅都立在水中，水里还有游鱼，那防水方面的费用肯定要特别考虑。

3. 法律与注册费用：有的副业可能需要进行法律注册，确保合法运营。相关的注册费用、法律咨询费用等需要做好预算。这也属于一次性投入。

4. 初始库存和原材料采购：如果副业涉及销售产品，那么首次购买库存和原材料的费用也是需要考虑的。

5. 品牌设计和营销：如果需要进行品牌设计、标识设计、制作宣传资料等，这笔预算也需要列出来。

6. 培训和认证费用：如果副业需要特定的技能或认证，培训和认证的费用也需要计算在内。

7. 保险费用：有的副业可能需要购买保险，包括公共责任保险和产品责任保险、专业责任保险、财产保险、雇主责任保险、商业中断保险、车辆保险等。

8. 专业咨询费用：有的副业可能需要进行专业咨询，如财务咨询、管理咨询等，咨询费用是一笔不小的开支。

9. 其他行政费用：包括办公用品、电话、办公家具等。这些是启动阶段的一次性支出。

在规划副业时，理清这些费用是非常重要的，因为它们构成了副业启动所需的初始资金。我们需要仔细估算这些费用，确保在启动时有足够的资金来支持业务的正常运营。

（二）运营成本

运营成本指的是在副业日常运营过程中产生的各种费用。了解并有效控制运营成本对副业的长期可持续发展至关重要。此外，在开始副业前了解运营成本也有助于我们判断在前期运营亏损时，资金可以维持多久。以下是一些常见的运营成本。

1. 原材料成本：如果副业涉及生产或制造产品，我们需要考虑生产商品所需材料的费用。这包括购买商品、制造产品所需的原材料，以及其他生产过程中的消耗品。

2. 人力成本：雇用员工所需的费用，包括工资、福利、社保、培训等。确保员工获得公平报酬，提高他们的工作满意度对于副业的长期运营至关重要。

3. 租赁费用：如果副业需要租赁办公空间、生产场地、仓库，租赁费用是一项重要支出。如果设备需要租赁，那这笔租赁费用也不能忽略。

4. 设备维护和修理：维护和修理设备的费用。保持设备良好状态有助于提高生产效率，减少停工时间。

5. 运输与物流成本：如果副业涉及物流或产品交付，相关的运输、仓储和物流费用都属于运营成本。

6. 市场推广费用：将产品或服务推向市场的费用，包括广告、促销、市场调研等。这是提高知名度和吸引客户的重要投资。

7. 办公用品和设备费用：购买办公用品、办公设备和维护办公环境所需的费用。

8. 能源和水费：如果副业需要能源和水，相关的费用也需要考虑在内。

9. 软件和技术支出：购买和维护必要的软件、技术设备和服务的费用。这常见于数字化和技术化的副业。

10. 保险费用：为副业购买商业保险可以帮我们更好地应对潜在的风险和责任。

11. 会计和法务费用：如果副业需要专业会计和法务服务，相关的费用也属于运营成本。

12. 维护和更新费用：维护和更新设备、软件、网站等费用。我们需要确保它们能够正常运行并保持竞争力。

我们需要认真估算这些运营成本，制定详细的预算，并时常进行成本控制和效率优化。合理管理运营成本有助于提高副业的盈利能力，确保其长期可持续经营。

（三）时间成本

时间成本是指在副业过程中投入的时间所带来的机会成本和生产成本。这包括我们花费在规划、执行和监管副业活动上的时间。时间成本涉及以下几个方面。

1. 规划时间：在副业启动前，我们需要花费时间进行详细的规划，包括市场调研、业务模型设计、目标设定等。

2. 执行时间：这是指我们在实际运营副业的过程中所花费的时间，可能包括生产、服务、销售、客户沟通等方面的时间投入。

3. 学习时间：从事副业，我们需要投入时间学习新技能、了解市场趋势、研究竞争对手等。这种学习虽然能提高我们的能力，但也是一种时间成本。

4. 决策时间：在运营副业过程中，我们需要花费时间作出重要的战略和运营决策。比如制定营销策略、调整产品或服务定价、应对市场变化等。

5. 监管时间：监管副业运营的时间，包括检查财务状况、跟踪销售和支出、解决问题等。

6. 社交时间：如果副业与社交密切相关，例如需要建立人脉、参加行业活动等，那么与人交往的时间也是一种成本。

7. 家庭和个人时间：在副业中投入的时间可能会影响我们在家庭和个人生活中的时间。这是一种需要权衡和考虑的时间成本。

8. 应急时间：处理突发事件、问题和应急情况的时间。

时间成本需要我们在开始副业前考虑好。当然，如果我们能学会合理分配时间，高效利用时间，降低决策时间，就有可能减少时间成本，更好地平衡工作和生活。

二、回报分析

回报分析涉及多个方面，包括销售收入、利润、潜在增长和时间投入产出比。

（一）销售收入

1. 销售潜力：我们可以通过市场调研了解目标市场的规模和潜在需求，评估副业在市场中的定位和竞争力。同时也可以了解竞争对手的表现和市场趋势，预估副业的销售潜力。

2. 价格竞争力：定价对销售收入有重要影响。我们需要评估产品或服务的定价策略，确保价格既能吸引客户又能覆盖成本，保持竞争力。

（二）利润

1. 毛利润：毛利润是指销售收入与运营成本之间的差额。了解毛利润可以帮助我们评估产品或服务的盈利能力。

2. 净利润：在扣除启动成本和其他费用后得到的净利润是真实的经济收益。净利润反映了副业最终的盈亏状况。

（三）潜在增长

1. 市场扩张：副业在当前市场中的增长潜力，以及是否有扩张到新市场的机会。市场扩张可以通过吸引新客户、推出新产品线或进入新地区来实现。

2. 客户增长：通过有效的市场营销和客户关系管理，可以增加现有客户的购买频率，吸引新客户，并提高客户忠诚度，实现潜在的增长。

3. 产品线拓展：是否有机会拓展产品或服务线，以满足不同客户需求，提高销售额。

（四）时间投入产出比

1. 投入的时间：在副业中投入的时间，包括规划、执行、监管等方面花费的时间。我们需要确保投入的时间是合理的，符合个人的预期和目标。

2. 实际回报：实际获得的回报，包括经济收益、市场份额、客户满意度等方面。我们需要使投入的时间和精力与实际回报之间有良好的平衡。

深入进行回报分析后，我们可以更全面地了解业务状况，判断是否开始副业。在已开始后，回报分析也能帮我们找到优化和改进的机会。

在做重要决策的时候，三思而后行可以帮我们避免很多风险。"思"不是闷着脑袋想当然，而是调查实际情况后，客观分析，不盲目乐观，也不盲目悲观。进行综合、客观的分析后，我们可以更全面地了解市场、了解副业的可行性，规避潜在风险。

1.5

评估副业机会的可持续性与市场趋势

在选择副业时，我们都希望选择一个既能够顺应市场趋势，又具备可持续性发展潜力的副业机会。可持续性和市场趋势是我们评估副业机会时需要重点分析的两个方面。

一、可持续性分析

1. 资源管理：副业是否能够合理利用资源。资源包括但不限于时间、人力、原材料等。

除了副业之外，我们通常还有主业。主业是我们主要的经济来源，因此做副业的时间不能太多，不能占据平常上班时间。如果主业需要加班、调休等，副业的经营时间就更不灵活了。在考虑副业的可持续性时，我们不能忽略时间安排的重要性，不要觉得自己到时候抽几天就能完成。有的副业工作者在接单的时候往往高估自己的自律能力和时间安排能力，结果不能按时完成工作。对于不需要赔偿的项目还好，如果碰上需要赔偿违约金的项目，就得不偿失了。即使不需要赔偿，这种违约也会对我们副业的长期健康发展造成不利影响，对我们个人的心理影响也是负面的。如果多次遭遇这种情况，就会影响我们从事副业的信心。

合理利用时间是副业可持续发展的基础。我们需要学会在工作、家庭和其他承诺之间找到平衡。可以尝试制定详细的时间表、设置优先级，避免时间浪费。

人力资源包括自己、家人和可能雇用的员工。我们需要了解自己的技能和局限性，以确保任务能够高效完成。如果项目要求多人协作完成，但将工作外包给其他人或者员工后，基本不赚钱，或只能赚很少的钱，那这份副业的可持续性就需要打问号了。对于新手副业者来说，还需要考虑将工作外包后，对方是否能按时按质完成，避免二次损失。

如果副业涉及产品的制造或销售，管理原材料和物资也是很重要的。这可能会涉及场地租赁、消防安全、安保措施等。产品库存也需要专门管理，避免过度或不足。

不恰当或投入成本过高的原材料管理可能会影响资金周转，造成副业的不可持续。如果过于依赖单一供应方，一旦遇到问题，也可能影响到副业的可持续性。

2. 环保因素：随着社会对可持续发展的关注不断增加，环保也是我们需要考虑的一个因素，否则三天两头停业整顿，或者无法开工，肯定会影响副业的经营。

在开始副业前，最好能查查项目是否符合环保法规，是否采用了环保的生产方式。在经营过程中，要遵守有关废物处理、排放控制和环境保护的法规，降低对环境的负面影响。

3. 技术创新：对于某些类型的副业，采用新技术是有必要的。比如，在某些行业，可以使用自动化设备和机器人来替代重复性的人工劳动，从而提高生产效率，并降低成本。有些行业还可以使用人工智能和机器学习算法来优化决策，提高客户支持，实现自动化客户互动等。如果墨守成规，还是用传统方法做副业，那副业的可持续性势必会受影响。

在副业稳定开展后，持续关注行业新技术可以使我们的副业保持竞争力。市场上的竞争激烈，那些不适应技术进步的个体和企业很容易被淘汰。新技术还能降低生产成本，包括劳动力成本、能源成本和原材料成本，通过采用新技术，我们可以提高效率，使副业更可持续。

当然，在从事副业后，即使我们各方面都没做错，也有可能遇到一些突发的困境，影响副业的可持续发展。此时我们一定要冷静下来，积极面对。

Rose一直想做副业，但苦于没有什么特殊技能，也不敢投入太多资金，一直没找到合适的项目。

秋天到了，Rose准备买几条打底袜穿。她在各个平台检索，在一家主做批发的网站看到了一款价格低廉的打底袜。但让人气馁的是，这家要100条起批，不零卖。

Rose犹豫了好几天，在此期间也看了别的产品，但说到价格低廉，没有哪家比得上这家。另外，这家虽然没有几条评论，但都是好评，说明质量应该过得去。

Rose跟好朋友吐槽。好朋友说，她也需要买，不如找几个人一起拼单。两人找来找去，也没凑够100条。还有些朋友担心这么便宜，恐怕质量不好，不敢买。

眼见这事要黄，Rose不甘心地想，反正也没多少钱，大不了去夜市摆摊卖，或者开个网店。她一咬牙，直接买了100条。

没想到，质量真不错，比她平时买的都好。Rose 琢磨，看来那些网店平时没少赚钱啊。她算了算包装、快递等费用，觉得囤点货来卖也不是不行。

考虑了几天后，Rose 行动起来，注册了网店，自己拍了照片，写了简介，定价也很合理，比她以前买的打底袜还便宜几块钱。

她积极去各网站宣传，说这款打底袜的各种优点。有些网友被她说动了，便到她店里购买。

好东西大家都能看出来，购买的网友拿到实物后，自发在网上帮她宣传，因此 Rose 采购的第一批打底袜很快就卖光了。Rose 加紧采购第二批、第三批，也很快卖完了。

可是到第四批的时候，Rose 发现产品质量远不如之前，不但有线头，甚至都不像同一款，有长有短，有厚有薄。Rose 马上去找店家，要求退货。但对方拒绝了，说网站详情页写着，概不退换。Rose 据理力争，但卖家坚持不让退货，说最多退三分之一的货款。

Rose 气归气，但总要想办法解决这件事。那么多订单等着发货，她又一时半会儿找不到新货源……

Rose 拜托父母帮她检查货品是否有瑕疵、将线头处理好。她将买家地址打印出来，按照地理位置做了区分。如果买家住在北方寒冷地区，且当地女生平均身高较高，她就发厚的、长的打底袜；如果买家住在南方，当地女生平均身高较矮，就发薄的、短的打底袜。如果买家跟她沟通过，说过自己怕冷、个子矮等，就特殊处理。

一家人辛苦了好几天，终于将这批货发完了。买家收到后也大多表示满意，虽然她们评论的内容可能相反：有的说这打底袜很厚实，北方可以穿；有的说比较薄，适合在南方穿。

那之后，Rose 跑了几个厂家，选了一些符合自己需求的产品，不再只从那家店铺进货了。

二、市场趋势分析

市场趋势也会影响副业的可持续性，毕竟，如果消费者都不愿意买账了，我们也不能完全靠理想坚持。市场趋势分析涉及市场需求、竞争态势、社会趋势等方面。

1. 市场需求：我们可以通过市场调研和数据分析，了解目标市场的人群购买行为、喜好和需求变化。根据市场需求的情况，我们可以更客观地分析副业的产品或服务是否能帮我们获得期望的盈利。

2. 竞争态势：仔细分析竞争对手的策略、产品、市场份额以及客户反馈，了解竞争对手的长处和短处。这能让我们了解副业在市场中的定位和竞争情况。如果态势不乐观，可以考虑转型或制定更有针对性的措施。

3. 社会趋势：有时我们也要考虑人口的年龄结构、家庭结构和地理分布等方面的变化。这些变化可能会影响产品或服务的需求和市场规模。

比如，老龄人口可能需要更多的医疗和健康护理服务，如果当地的年轻人大多外出务工，我们就需要尽可能地理解老龄人口的消费需求和消费心理。

再比如，原本目标客户是郊区大家庭，但随着地区经济发展，越来越多的年轻人前往租住，人口密度增高，生活节奏加快，他们的需求和消费习惯肯定不会跟之前的家庭一样。而且市场规模变大，竞争也会更激烈，营销和宣传策略也需要相应调整。

4. 社会趋势：社会趋势反映了人们的价值观和生活方式的变化。这些趋势会影响人们对产品和服务的需求，所以我们在做副业时也需要考虑这方面的内容，做相应调整。

比如，现在有越来越多的人关注可持续性和环保。他们倾向于支持那些采用可再生能源、减少废物和采用环保材料的企业。我们如果是做这方面的副业，在宣传时可以重点强调自己的环保理念，以及产品制作过程的"零污染"等，赢得这部分消费者的好感。

再比如，健康和健康意识越来越受关注，人们越来越注重健康饮食、锻炼和心理健康。如果我们的副业与食品相关，就可以往健康食品靠拢，做一些无油炸、零蔗糖、零添加的食物。

Part ② 选择最优副业

¥ 2.1

线下副业（上）：开设实体店铺

开设实体店铺是一种常见的副业选择。对有的人来说，开设实体店铺是得到稳定收入和实现创业梦想的机会；对有的人来说，却是副业失败和负债的开始。我们都想成为前一种人，因此在开设实体店铺之前，我们需要了解一些关键事项，并认识到其中存在的失败风险。

一、开设实体店铺的关键事项

1. 开设实体店铺需要一定的资金投入，因此在开店之前，要制订详细的预算计划，并确保有足够的资金用于租金、装修、库存、员工工资和推广等方面的支出。在开店后，也要进行财务规划和风险评估，以应对可能出现的资金压力、潜在的营业亏损和意外支出。

2. 在开设实体店铺之前，进行充分的市场调研和竞争分析至关重要。我们需要了解目标市场的需求和消费者行为，找到自己的差异化竞争优势，同时对竞争对手的定价、产品和服务进行分析,以制定有效的竞争策略。

3. 选择适合的地点,并与房东或中介谈判,争取合理的租约条款也是非常重要的。在选择地点时要考虑目标客户群体的定位,避开直接的竞争对手。之后,要确保租约期限、租金和其他条款与自己的经营预算和需求相符。

> John 是一个文艺青年,一直以来的梦想就是开一家咖啡馆。他努力工作赚钱,并时常关注当地的房租、员工工资、各种库存的开销等,估算需要的启动资金。
>
> 终于,经过几年的准备,John 有了足够的资金。他进行了市场调研,发现当地有很多咖啡馆,但以传统咖啡为主,没有特色口味,也缺乏具有独特性的服务。因此,John 决定开一家专注于手冲咖啡和特色食品的精品咖啡馆,以满足顾客对品质和个性化的需求。
>
> 繁华的商业中心当然可以带来较多的人流量,但租金成本也比较高,因此 John 认为自己暂时没有能力开在这类地方。经过多方寻找和考察,John 选择了一个风景较好、青年白领经常出没的地段。
>
> 在找到心仪的店铺后,John 跟房东进行了协商,争取到了较长的租住年限和较优惠的租金,并请法律专业的朋友帮忙审定合同。因为 John 需要对房子重新进行装修,投入成本较高,租住时间长有助于他摊低成本。在与房东协商时,John 也列出了这样的条款对房东的好处,比如减少空置期、较好的装修有助于下次出租等。

二、预知并防范风险

开设实体店铺有一定的失败风险,因此了解这些风险并采取适当的防范措施是有必要的。风险主要来源于三个方面:市场需求变化、无法有效管理成本和销售渠道转型。

1. 市场需求的变化可能导致产品或服务不再吸引顾客。举个简单的例子,在二十多年前,开实体书店是个不错的选择,但如今纯粹卖书的实体书店恐怕难以获得盈利。面对市场需求变化,关店止损或者改变经营模式是更好的选择。

2. 在经营过程中,我们需要保持对市场趋势和顾客需求的敏感,定期进行市场调研,并根据调研结果灵活调整产品、服务或定价,以适应市场需求的变化。

3. 不合理的成本控制会导致利润减少甚至亏损,因此我们需要建立良好的财务管理系统,监控和分析开支,并寻找降低成本的机会。在定价方面,也不用一味追求低价或高价,而应根据目标客户的消费能力和喜好合理定价,确保盈利能覆盖日常运营费用。

4. 如今的实体店铺,难以避免地需要考虑销售渠道转型的问题。虽然有的客户出于种种原因还是偏爱实体店铺,但不能否认的是,现在是电子商务高速发展的时代,实体店铺需要面对线上销售的竞争。如果无法适应互联网时代的变革,实体店铺就会失去优势。因此,我们有必要积极探索线上销售渠道,建立网店或与电商平台合作,拓展销售渠道。

> Sophia喜欢做西式甜点,而且手艺不错,尝过的朋友都夸好吃。由于工作清闲、工资较低,Sophia考虑将做甜品发展为一门副业。

经过认真考虑，Sophia决定先不租店面，而是在线上经营。她开始在各种电商平台经营账号，每次做甜品都录下过程，剪辑成视频。另外，她还认真学习拍照技巧，将成品拍得香甜诱人。通过努力，Sophia渐渐有了粉丝，可以接到一些同城的订单。

由于是刚开始经营，Sophia的定价并不高，想着先吸引一些顾客，以后再慢慢调价好了。她一直用最好的原料，技巧也非常娴熟，做出来的甜点色香味俱佳，客户都非常满意。可是，过了两个月，Sophia一算账，发现自己不但没赚到钱，甚至还亏了。

Sophia认真寻找原因，发现由于订单量小，做一次又很耗时间，所以她每次都会多做几份，而多做的并不能都卖完。另外，甜点在配送途中会由于车辆颠簸等原因外形损坏，一旦客人找过来，她都会免单，还会承诺下次优惠。

Sophia想，这样下去可不行。本来做甜点就挺辛苦的，经营账号也不容易，如果赚不到钱，她何必费这些功夫？可是，自己住的城市经济条件一般，太贵了肯定没人买；每次只按订单量做，又可能有隔一两个小时又有人下单的情况；还要考虑如何防止甜点在配送途中损坏。

思来想去，又上网查了一些资料，Sophia决定干脆不卖那些"娇气"的甜点了。另外，她还决定试试预售、团购的模式，每次只开两三个品种的团购，根据购买人数制作。

这样做不但可以解决之前那些问题，而且由于每次卖的甜点种类少，所需材料品类集中，采购量相对大一些，Sophia可以更好地跟售卖原料的商家谈价，压低原料成本。

经过一个月的试运行，这个方法果然给Sophia带来了盈利。而且由于团购种类集中，她不用像之前那样忙着做好几种甜点，轻松了不少。

想要将开设实体店铺作为自己的副业时，我们必须做好前期准备，并认识到市场的不确定性，灵活调整自己的经营策略。当然，也有些实体店铺一直坚持自己的经营理念，无论市场如何变化，只管一心一意做好自己的事。这类店铺也有一直经营良好的，并没有倒闭或亏损，有的甚至是远近闻名、顾客盈门的大店。但是新手副业者，我们不能只看到这类店铺成功的一面，也要多想想他们发展良好的原因，以及我们是否能复制他们的经营模式。如果不能，持续的学习和创新是很有必要的。

¥ 2.2

线下副业（下）：提供服务

在所有线下副业中，提供服务是一个常见且有吸引力的副业种类。以提供服务为副业比开设实体店铺投入成本低，时间安排上更灵活。

常见的提供服务的副业类型有以下几种。

1. 家庭教育辅导：如果比较喜欢与孩子们互动并具备教育方面的知识，可以考虑进行家庭教育辅导，帮助学生提高学习成绩和技能。可以在家中或学生家中开设一对一的辅导课程，也可以组织小型集体活动。特别需要提醒的是，在选择家庭教育辅导为副业时，一定要认真研究国家现行的关于教培的政策和规范，切忌踩政策红线，不要创业不成反被罚。

2. 宠物护理和散步服务：如果比较喜欢与动物相处且相信自己有能力照顾好动物，那么宠物护理和散步服务可能正是你需要的副业。很多人需要他人帮忙照看宠物，并确保它们在主人不在家时得到充分的关爱和运动。现代人的这类需求催生了宠物护理和散步服务，让副业从业者多了一个选择。

3. 设计和创意服务：如果掌握一些设计和创意方面的专业技能，可以考虑提供设计和创意服务，如墙绘、花艺、景观设计等。这类服务要求有一定专业水平，比如花艺师不仅需要对花卉的搭配和设计有一定的敏感度，还需要了解不同花卉的特性、保鲜方法，以及花束、花环等不同形式的制作技巧。当然，也可以通过教授相关技能来获取收入。

4. 摄影：有许多人将摄影作为副业，直接提供各种摄影服务，比如婚礼摄影、家庭摄影、肖像摄影、旅游摄影等。也有一些人通过教授摄影技巧，办摄影培训课程来获取收入。

> Emma 从小喜爱绘画，虽然没有走上专业道路，但通过多年学习和积累，在相关领域也有一定造诣，因此她打算在业余时间提供绘画辅导服务，利用自己的专业知识和技能，帮助学生学习绘画艺术。
>
> 为了招募学生，Emma 在各个社交媒体平台发布帖子和视频，展示自己的绘画技能和经验。由于缺少粉丝基础，她发的帖子和视频浏览量较低。不过 Emma 也不气馁，她知道这需要日积月累。
>
> 为了尽快招募到学生，Emma 设计并打印了一些广告，贴到附近的社区公告板、学校公告栏。但是不知道为什么，一直没有学生或家长联系她。
>
> Emma 周末的时候去贴了广告的地方"回访"，发现小广告都被人撕了或被其他新广告挡住了。
>
> Emma 有些垂头丧气，觉得开展副业太难了。
>
> 回家的路上，Emma 路过一家培训机构，看到一群家长在

门口接孩子。Emma看着他们，突然灵光一闪，觉得面对面推销自己应该比小广告有效果。

她回到家，整理了一些自己的绘画作品、学习经历和取得的成绩，打算去附近学校打打广告。

对Emma来说，跟陌生人搭讪是比较困难的，况且别人一看她那架势，知道她要推销，大多会摆摆手或摇头表示拒绝。这对Emma的自信心无疑是一种巨大挑战。

不过，Emma也知道，多试几次，多被拒绝几次，可能就会迎来一次成功的机会。

这个机会来得不算快，是Emma口干舌燥好几天，几乎快要放弃的时候得到的。为了争取这可能的学生，Emma还主动降价，以低于附近辅导班不少的价格"诱惑"对方。

万事开头难。有了第一个学生后，慢慢也就有了第二个、第三个……

此外，Emma在网上发的帖子和视频也逐渐吸引了一些粉丝，浏览量也慢慢多起来，一些学生和家长也开始主动联系她询问相关事宜。

参加Emma绘画课的学生有年龄较小的，也有成年人。Emma针对不同学生的性格和理解能力，因材施教，引导学生通过绘画表达自己的想法和情感。Emma的一位学生说，她不仅培养了自己的艺术技能，还培养了自己对艺术的欣赏和理解能力。

因为口碑好，很多学生主动帮Emma宣传，还介绍亲朋好友参加绘画课。学生多起来，Emma也逐渐增加学费，不再以低价竞争。

需要提醒的是，在选择具体的副业类型时，我们要考虑个人兴趣、技能和市场需求，不要看到别人赚了钱就觉得自己也可以，更不要冲动地去消费，购买"前期投入"。

> William 的工资较低，消费欲望却比较强烈，因此他总想着要提高收入。
>
> 这天，William 在小区微信群里看到有邻居招人帮忙遛狗，开出的服务费还不低，不由得大为心动。
>
> 在 William 想来，遛狗多简单呀，反正自己也打算每天散步，多带一条狗而已，还能赚钱，何乐而不为？
>
> William 急忙联系狗的主人。狗的主人问了 William 的一些个人情况，比如他养了什么狗等，都被 William 糊弄过去了。
>
> William 得到了那份工作。
>
> 等终于看到那只体型高壮的大型犬时，William 心里直发怵。William 本来还怕自己不招狗喜欢，结果那条狗很热情，扑到他身上撒娇。
>
> 狗的主人跟 William 聊了几句，就把狗交给了 William。
>
> 说好的遛狗时间是 1 小时。
>
> 这一趟下来，William 累得够呛。原来，这条狗不只对 William 热情，对很多人和狗都热情。有好几次他被狗拽得往前扑，只能追着狗跑。他又没狗跑得快，只能狠命拉绳子，结果绳子把手都勒疼了。
>
> 最终拿到钱的时候，William 决定以后再也不帮人遛狗了。

遛狗的时候，他一直提心吊胆。好在没出意外，大狗没咬人，也没跑丢，不然他那点工钱还不够赔的。

遛不成狗，William便继续琢磨别的副业。这天，他刷视频网站的时候看到有人发自己设计的模型。William从小喜欢这些，买过不少乐高。他连着刷了几小时视频，看到视频底下有人求购，又看到别的评论说博主做的模型价格不低。William觉得他们真是人傻钱多，自己买点材料也可以做出来，居然还出高价买。不过，他似乎可以卖给他们……

有了这个想法后，William越琢磨越觉得可行。他一晚上都没睡好，尽想着赚钱后怎么花了。

他查阅资料，网购了一大堆工具和材料，甚至专门买了两台摄像机，以便在制作模型时多角度拍摄。

虽然William的技艺不算娴熟，但经过多次尝试，拆了装、装了拆，反复几次后，他也组装好了一个造型简单的卡通人物模型。

困扰他的问题是视频剪辑。他录下的时间太长了，而且录制效果也没他预想的好。他好不容易才删删减减凑了一个视频，结果根本没几个人看，更没人点赞和评论。这极大地伤害了William的积极性。

William觉得，他没有粉丝基础，模型在网上就卖不出去，可是制作视频劳神劳力，付出大于收获。至于去外面摆摊卖模型，他觉得卖贵了没人买，卖便宜了又跟他付出的时间和精力不匹配。

他叹了口气，觉得还是趁早换个副业算了。

除了上面提到的类型，现实生活中还有许多副业选项，比如化妆、翻译、咨询等。无论是哪种副业，我们都不要急于做出选择，而应充分了解自己的情况和副业领域可能面临的挑战。只有经过充分准备和思考后，我们才能作出明智的决策，找到适合自己的副业。

¥ 2.3

线上副业（上）：电商

随着互联网的普及，越来越多的人开始探索线上副业，希望在业余时间增加额外收入。电商是较多人关注的领域，本文将详细介绍电商这类线上副业，同时提供一些具体案例，希望能对你有所帮助。

一、电商平台的优势和劣势

电商平台为个人创业者提供了广阔的市场和销售机会。与任何一种事物一样，电商平台也有自己的优势和劣势。

电商平台的优势是几乎可以把全国甚至全球作为销售市场，客户基础规模庞大。与此同时，我们也要跟全国或全球的商家竞争，需要制定更独特的营销策略吸引客户。

与传统实体店相比，电商平台的启动成本相对较低。如果是小规模的售卖，基本不需要租赁实体空间，减轻了初始投资压力。当然，使用电商平台可能需要支付一定的费用，包括平台手续费、支付网关费用（指在进行电子支付时，用于处理在线交易支付的服务提供商所收取的费用，包括交易费、接入费用等）等，但这相对实体店投资，压力会小很多。

电商平台的交易流程简便，顾客随时随地都可以购物，商家也能较轻松地处理订单。不过，处理售后服务和客户投诉可能更为复杂，需要及时有效地沟通。此外，我们也必须遵循电商平台的规则和政策，即使对于我们认为不合理的规则，也很难改变。

电商平台一般会提供实时数据分析，我们能看到销售数据、客户行为等，可以借此更好地优化运营策略。不过，一些更详细深入的数据可能需要支付一定费用。

二、选择适合的电商平台

挑选适合自己的电商平台是一个关键的决策，需要了解以下几个方面。

（一）了解产品类型和目标受众

我们需要了解要销售的产品类型以及目标受众的特征。不同平台的用户群体有所差异，以下是一些主流电商平台的特点总结。

1. 淘宝：淘宝的用户群体非常庞大，包括各个年龄层和社会阶层。主要以 C2C 模式（Consumer-to-Consumer，"消费者对消费者"的商业模式）为主，吸引了许多小型卖家和个体创业者。淘宝用户更倾向于在平台上寻找独特、有创意的商品，愿意尝试新品牌和小众产品。

2. 天猫：天猫主要面向 B2C 市场（Business-to-Consumer，企业直接向最终消费者销售产品或提供服务），吸引了许多品牌商家和官方旗舰店。用户相对更注重品质和品牌，通常对商品品质有较高要求，更愿意购买正品和知名品牌的产品。

3. 京东：京东的用户群体相对更注重线上购物的便捷性和品质保障。平台提供了自营和入驻两种模式，涵盖了各类商品。京东用户在平台上购物时更倾向于全品类的购物，尤其在家电、数码等高价值商品领域有着较高的市场份额。

4. 拼多多：拼多多的用户主要来自二、三线城市和农村地区，更注重性价比。团购和社交化购物是平台的主要特色。拼多多用户更喜欢通过参与团购活动来获得更低的价格，愿意通过社交分享获得更多优惠。

5. 闲鱼：一个以二手商品交易为主的平台，大多数用户是普通个人或小型创业者。闲鱼用户更倾向于在这里买卖二手物品，包括衣物、电子产品、家居用品等。闲鱼用户通常比较注重价格，更倾向于购买性价比较高的商品。由于主要交易二手商品，买家通常对商品的真实情况和卖家的信誉度更为关注，因此用户评价和信任体系在闲鱼上非常重要。

6. 苏宁易购：苏宁易购以线上、线下相结合为特点，覆盖了家电、数码、生活用品等多个领域。用户群体相对更成熟。苏宁易购用户通常更看重线上、线下一体化服务，比较注重商品的品质和售后服务。

7. 美团：美团最初以团购和外卖为主，后来扩展到更多领域，主要服务于本地生活领域。美团用户更关注本地服务和优惠活动，主要涉及餐饮、旅游、休闲娱乐等领域。

8. 抖音：抖音和快手是社交媒体平台，并不属于传统的电商平台，然而它们都在一定程度上涉足了电商领域。抖音主要吸引年轻用户，尤其是青少年和年轻人。抖音推出了一系列购物功能，如短视频导购、商品橱窗等，将购物融入用户浏览短视频过程中。众多网红和KOL（Key Opinion Leader，可翻译为"关键意见领袖"，指在特定领域或行业有影响力、知名度，并能够在社交媒体等平台上通过其独特的见解、经验或内容吸引粉丝的个人或机构）在抖音上进行产品展示和推荐，这会对用户的购物决策产生影响，使用户更容易接受推荐购买。

9. 快手：快手有很多与抖音相似的特点，不过快手的用户年龄分布相对更广泛，而且在二、三线城市和农村地区有更广泛的用户覆盖。快手用户相对更倾向于本地化消费，关注本地特色、文化和商品。因此，快手上的一些购物内容可能更强调地域性。快手用户更容易受到个体创作者的推荐影响，因为平台强调真实生活和个人创作，创作者的亲身体验和真实见解对客户的购物决策产生更大的影响，用户之间的互动也可能影响购物决策。

（二）了解费用结构

电商平台的费用结构因平台类型、规模和业务模式的不同而有所差异。以下是一般情况下电商平台的主要费用。

1. 平台使用费：一些电商平台会向商家收取平台使用费，作为在平台上开店或销售商品的费用。这通常是基础的入驻费用，商家支付后可以在平台上建立自己的店铺。

2. 交易手续费：大多数电商平台会收取交易手续费，即销售额的一定比例。这是平台为提供交易撮合、支付处理、客户服务等而收取的费用。

3. 广告费用：电商平台通常提供广告推广服务，商家可以通过购买广告来提升其商品在平台上的曝光度。广告费用有按点击数、曝光次数或其他广告效果指标等多种计费方式。

4. 服务费：一些电商平台会提供额外的服务，如物流服务、仓储服务、客户服务等。商家使用这些额外服务时需要支付相应的服务费。

5. 保证金：为了确保商家合规运营，一些电商平台会要求商家支付一定的保证金。保证金可能在一定条件下被退还，也可能用于平台处理商家违规行为的赔偿。

6. 技术支持费：一些额外的技术支持服务，例如定制化的商家店铺设计、数据分析服务等，需要支付相关的技术支持费用。

7. 第三方支付费用：如果平台采用第三方支付服务，商家可能需要支付一定的交易手续费给第三方支付平台。

8. 退款手续费：在一些平台上，如果客户退款，商家可能需要支付一定的退款手续费。

不同电商平台的费用结构有所不同，有些平台对特定行业或商品提供不同的费率政策。我们在选择电商平台时需要详细了解平台的费用结构。

（三）了解平台的政策和服务

我们还需要详细了解各个电商平台的政策，包括商品上架标准、广告规范、退货政策、售后服务、投诉处理等，以防止违规操作导致的惩罚或封店。

了解平台的服务条款和政策，有助于我们维护自身的权益。若与客户发生纠纷或争议，我们可以通过平台规定的权益保护措施，有依据地争取自己的权益。如果是我们的行为不符合平台规范，也可以减少争执，避免浪费精力。

三、直播购物

现在多个平台都有直播购物，我们可以根据自己的产品和目标客户特点选择是否做直播。

直播购物是实时直播与电商相结合的一种购物模式。通过在线直播平台，商家或个体创作者可以实时视频展示商品，与观众互动并提供购物链接，使观众可以直接在直播过程中购买商品。这种购物方式有以下特点。

1. 实时互动性：直播购物注重实时互动，观众可以通过弹幕、评论等方式与主播互动，提问、表达兴趣或提出购物需求，增加了购物的社交性。

2. 产品展示更生动：直播形式可以实时展示产品的特点、用途和效果，通过主播的演示和讲解，观众能够更全面地了解商品，加深对产品的印象。

3. 直观的购物体验：直播购物提供了直观的购物体验，观众可以在实时直播中看到商品的真实样子，避免了线上购物中图片与实物不符的问题。

4. 即时购买链接：直播过程中，主播通常会提供即时的购买链接，观众可以直接点击链接完成购买，减少了购物的步骤，提高了购买的便捷性。

5. 限时促销和优惠：为了刺激观众的购买欲望，直播购物经常与限时促销、独家优惠等活动相结合，观众通过实时互动可以及时获取促销信息，增加购买的紧迫感。

6. KOL 和名人效应：一些知名 KOL 或名人通过直播购物为品牌和产品代言，他们的影响力能够带动大量观众参与购物。

7. 提高购买决策的信任度：通过实时直播，观众可以看到实际使用场景、真实评价，这可以增加客户对购物决策的信任度。

直播购物的销售额通常较高，但实际效果仍然受到多种因素的影响，包括直播内容质量、产品品质、主播的影响力等。在一些特定领域，如时尚、美妆、家居等，直播购物的销售表现尤为突出。电商平台通常会制定一系列规定和政策，以规范直播内容、保障消费者权益、维护平台秩序。这些规定因平台而异，我们需要先做全面的了解，避免被关停或罚款。

四、开店和运营

在电商平台开店和运营，主要需要注意以下几个方面。

（一）店铺和产品

1. 优化产品标题、描述等关键信息，提高产品在搜索引擎上的排名，增加曝光率。提供详细而清晰的产品描述，包括产品的功能、规格、材料、用途等。对于某些产品，提供详细的技术规格表，包括尺寸、重量、电池寿命等信息。这有助于潜在买家更好地了解产品，减少购物时的疑虑。

2. 使用高质量、清晰的产品图片，展示产品的各个角度和特征。如条件允许，可以考虑添加产品演示视频，帮助用户更直观地了解产品。

3. 明确标明产品的库存状态，以及发货所需的时间和方式。这有助于避免客户因等待时间过长而产生不满。

4. 如果有用户评价功能，鼓励购买者留下评价。这些实际购买者的反馈，对其他潜在买家有很大的说服力。

5. 一些常见问题，如售后服务政策、质保期限等，可以提前在页面上列出并进行解答。这有助于减少用户的疑虑，提高购物流畅度。

6. 店铺介绍要清晰明了，可以重点展示核心产品、品牌故事以及提供的价值。有条件的话，可以请人设计店铺logo和海报，让顾客一眼就能记住店铺品牌。

7. 在选择要销售的产品时，要注意市场趋势和竞争对手。热门产品有助于提高曝光率，但如果竞争对手过多，还需要注意差异化定位，找到产品中的独特卖点，自己重新拍摄图片、写介绍等。

（二）营销计划和策略

1. 制订有效的促销和营销计划也是有必要的。我们要明确促销和营销的目标，例如增加销售额、提高知名度、清理库存等。不同的目标需要不同的策略，我们要确保目标具体、可衡量。

2. 根据产品和目标客户的特点，选择适合的促销方式，例如打折促销、满减活动、买一送一等。也可以考虑与平台的促销活动结合，如平台的特价日、折扣券等。还可以准备一些紧急销售计划，例如限时折扣、抢购活动等，刺激用户迅速行动。

3. 促销活动的时间节点，可以选择与特殊日子（如节假日、购物节）相结合，以增加关注度。避免促销活动过于频繁，以保持其吸引力。

4. 在促销期间要密切监控销售数据、用户反馈和市场反映，及时调整促销策略，确保其有效性。

5. 可以制订社交媒体营销计划，通过平台发布促销信息、用户评价、产品使用案例等，增加品牌曝光度。有条件的话，可以考虑与达人或KOL合作进行宣传，也可以考虑与其他商家或平台进行合作推广，共同组织促销活动，吸引更多潜在客户。

6. 如果平台支持，可以建立会员体系和积分制度，鼓励用户在促销期间购物，培养用户忠诚度。

（三）制定价格策略

在制定价格策略时，要充分考虑成本、市场需求和竞争对手的定价。有竞争力的价格有助于吸引顾客，但也要确保我们能获得合理的利润。

有的零售商会采用透明定价策略。他们明确显示每个产品的生产或进货成本，这种透明的价格策略可以帮助商家建立与顾客之间的信任关系，提高购物的透明度。当然，是否采用这类策略需要综合考虑。

2.4

线上副业（下）：写作

写作，时间安排灵活，几乎不需要额外的金钱投入，如果具备文字表达能力，写作是一个理想的线上副业。要将写作发展为副业，可以看看以下建议。

一、确定写作领域

首先，我们要确定感兴趣的写作领域，这有助于提高我们的写作动力和创造力。写作领域广泛多样，涵盖了不同的主题和体裁。以下是一些常见的写作领域，我们可以根据自己的兴趣和专业知识选择适合的领域。

1. 微博写作：在个人微博上分享个人经历、专业知识、兴趣爱好等。可以涉及各种主题，如生活方式、科技、旅行、美食等。

2. 技术写作：关于科技、软件、编程等方面的文章。技术写作可能包括教程、代码解读、产品评论等。

3. 科普写作：通过通俗易懂的语言，向大众传递科学知识，具体如科普文章、解说视频等。

4. 创意写作：以创意为主导，如小说、短篇故事、诗歌等。

5. 商业写作：商业计划、市场分析、广告文案等。商业写作可以包括品牌故事、企业宣传等内容。

6. 旅行写作：关于旅行目的地、旅行经验、文化交流等方面的文章。这种写作通常会结合个人的旅行经历。

7. 美食写作：介绍、评论、分享美食和烹饪经验。美食写作可以涉及食谱分享、餐厅评论等。

8. 健康和生活方式写作：关于健康、运动、心理健康、生活方式等方面的文章。

9. 家庭和育儿写作：关于家庭生活、育儿经验、家庭教育等方面的文章。

10. 政论和社会评论：关于政治、社会问题、评论和分析的文章。

11. 体育写作：介绍体育赛事、运动员故事、健身计划等。

12. 学术写作：学术论文、研究报告、期刊文章等。学术写作要求严谨的逻辑和深入的专业知识。

13. 新闻和特稿写作：涉及新闻报道、专题调查、深度特稿等领域，为读者提供及时而深入的信息。

以上只是写作领域的冰山一角，实际上还有许多细分领域和交叉领域。在选择适合自己的领域时，可以结合个人兴趣、专业知识和市场需求等。在写作的过程中，也可以尝试不同的领域，寻找最符合自己喜好和擅长的方向。

二、选择写作平台

选择适合自己的写作平台是走向成功的第一步，因为不同的平台有不同的规模、受众和机会。

需要仔细了解各种写作平台，包括博客平台、自由撰稿平台、专业领域平台等。了解它们的特点、用户群体、规模和报酬机制。不同平台有不同的用户群体，这种了解可以确保我们的写作风格和主题符合平台用户的兴趣。

此外，平台的规模和知名度也是我们需要考虑的。一些大型平台有更广泛的读者群体，但同时也有更多的竞争。小型平台可能较容易进入，但读者数量较少。

如果在特定领域有专业知识，可以考虑专业领域的平台。这些平台可能更愿意支付高价来获取专业内容。

其他作者在平台上的评价和反馈帮助我们了解平台的信誉和对作者的支持程度。

不要将所有的鸡蛋放在一个篮子里。可以在多个平台上试水，看看哪个平台更适合自己，并根据经验调整。

三、建立个人品牌

在选择写作领域和平台的同时，着手建立个人品牌。

最好能在写作中保持一致的风格和语气，这有助于读者更容易辨认出我们的作品。无论风格是偏向专业、轻松还是幽默，都最好保持一致。当然，在前期，我们可以根据读者反馈进行调整，直到找到最适合自己、读者也比较喜欢的风格。

如果可能，尽量专注于特定领域或主题。成为某一领域的专家能够让我们在该领域内建立起更为深厚的个人品牌。

建立个人品牌需要时间，需要持续努力和维护，但这是一个值得投资的过程，有助于我们在写作领域中取得更大的成功。

四、注重学习和提升

保持对新知识的渴望，不断提升写作技能，更可能使我们在写作竞争中脱颖而出。

平时，我们可以多阅读各种类型和风格的文学作品、新闻报道、专业书籍等，拓宽自己的知识面，完善写作风格。

同时也要学习写作的基本技巧，包括文章结构、语法、标点符号等。这可以通过书籍、在线课程、写作工坊等途径学习。当然，这需要仔细筛选，避免无效地浪费金钱和时间。

写作是一项需要不断练习的技能，所以我们要定期练习写作，提高写作速度、逻辑思维和表达能力。

闲暇时可以参与写作社群、在线论坛或社交媒体群组，与其他作者交流经验、分享心得，获取反馈和建议。

面对批评，最好能以开放的心态看待，这可以使我们发现自己的不足之处并不断改进。我们不可能得到所有人的喜欢，即使是成名已久的作家也会受到很多批评。对于无端指责或不成熟的反馈，我们也不必放在心里。如果不想让批评的声音影响到自己的状态，也可以暂时不予理会。

> Aria 一直想找个副业，但一直没有合适的。一次，Aria 在网站闲逛的时候看到有公众号编辑约稿，便试着写了一篇投过去。没想到，第一次投稿就过稿了。
>
> 从此，Aria 打开了写作的大门。她试过很多类型的稿件，

> 最后重点选择了心理健康方向，专门设置了一个心理学专业方向的账号，在多个平台发布文章。为了写文章更专业，她阅读了很多心理学相关的书籍，甚至还去大学蹭过心理学老师的课程。
>
> 后来短视频开始流行，她也会配上视频讲解，更生动地向大家科普心理学方面的知识。日积月累，Aria有了不少粉丝，有编辑主动联系她，跟她约稿，还有编辑想约她合作出版实体书。

总之，写作是一项很好的副业，除了帮我们增加收入外，还可以培养我们的表达力，提高我们的创造力，满足我们的心理需求。

除了电商和写作，还有很多其他线上副业，如咨询服务、在线教育和培训、平面设计、插画、社交媒体管理、视频剪辑等。我们可以像了解电商和写作副业一样，了解这些副业的优缺点，并根据个人兴趣和技能，选择适合自己的平台和宣传推广方式，打造个人品牌。

¥ 2.5

资产副业：投资与房地产投资

通过投资，我们也有机会实现资本增值和增加被动收入。房地产投资也属于一种投资，有很多人比较看重这方面的投资。

一、投资

投资是将资金投入不同的金融工具，如股票、债券、基金等，以期望在未来获得回报。我们可以根据自己的风险承受能力和目标制订投资计划。

投资的好处是可以帮助我们实现资本增值，同时为退休、教育资金或其他目标积累财富。但投资存在风险，需要我们对市场趋势、公司业绩等有深入了解。

（一）投资类型

常见的投资有以下几种类型。

1. 股票投资：股票市场是投资中最常见的一种形式。个人可以购买股票成为公司的股东,通过股价上涨和分红获得回报。

2. 债券投资:债券是一种借款工具,投资者购买债券就是借钱给发行者。作为回报,投资者会获得固定的利息。

3. 基金投资:基金是由专业基金经理管理的一种投资工具,它将多个投资者的资金集中起来,投资于股票、债券等资产。

4. 房地产投资:投资于房地产市场,一般使用购买物业、出租或房地产投资信托(REITs)等方式。

5. 期货和期权:期货和期权是一种高风险高回报的投资形式,通常需要更深入的市场了解。

(二)投资策略

投资策略是投资者根据自己的目标、风险承受能力和市场环境制定的一系列计划和方法。下面是一些常见的几种投资策略,每个策略都有其特定的目标和风险特征。

1. 长期投资策略:以长期资本增值为主要目标,通过持有投资品并等待其在数年或更长时间内增值来实现。进行这种投资的时候,我们需要选择具有潜在增长和稳定基本面的资产,持有期间减少交易频率,减小市场波动性对资产的影响。长期投资通常受到市场波动和宏观经济变化的影响,需要投资者具备更强的耐心和长远眼光。

2. 短期交易策略:以快速获取利润为主要目标,通过利用市场波动性来实现。这类投资追求市场短期趋势,一般会使用技术分析工具,频繁交易。短期交易风险较高,需要对市场走势和交易心理有较深的理解,也需要投资者具备更快的决策反应能力。

3. 分散投资策略:通过在不同资产类别、行业和地理区域分散投资,降低投资风险。不过,在某些情况下,不同资产之间存在关联性,也可能会"一损俱损"。

4. 价值投资策略：寻找低估值的资产，相信市场会最终认识到这些资产的真实价值，从而获得回报。"股神"巴菲特及其搭档芒格是使用这种策略的著名人士。这种投资需要通过分析目标公司的核心业务、财务状况、管理团队和行业环境等因素，来确定其潜在投资价值，寻找被低估的投资机会。这种投资其实也是一种长期投资，因为市场对某些资产低估通常是有原因的，等它增值需要一定的时间。

无论采用哪种投资策略，都要做好风险管理，设定适当的止损点。在进行风险偏高的投资时，最好能先学习和研究市场，了解不同投资策略的优劣，并根据自己的情况进行调整。

此外，最好能定期审查投资组合，根据市场状况和个人目标进行调整。平时多关注全球经济、政治和社会动态，了解它们对投资产生的影响。

Robert 没有什么理财知识。每个月领到工资，将钱转进余额宝就是他所有的理财行为了。

随着工作年限增加，Robert 存下的钱也越来越多，他开始关注一些理财方面的新闻。一次偶然的机会，Robert 看到一本给小孩写的财商科普书，里面提到了购买基金。

书里说，购买基金是一种相对稳健的理财方式，收益率比把钱存在银行高多了。管理基金的是专业人士，比自己买股票风险低，毕竟很多人没时间研究股票，也没时间总盯着股票的涨跌。

Robert 觉得书里说得对，便着手开始买基金。他发现买基金真方便，支付宝和微信里就可以买，有的银行 App 里也可以买。

经过千挑万选，Robert 终于选了五只基金。为了谨慎起见，Robert 每只基金只买了 500 元，又定投了每天 10 元。

Robert 天天看基金涨跌，每次涨了一点就好高兴，稍微降了一点就有些沮丧。不过他安慰自己，买基金本来就是长线投资，而且只要不卖就不亏。

好在总体来看，增长的概率高一些，收益也不错，比把钱放在余额宝里多多了。

过了一个来月，Robert 突然看到基金跌了很多，他上网查了查，说当天大盘好多股票都跌了。Robert 灰心丧气得很，一晚上没睡好。

第二天，居然又涨回去了。

Robert 觉得这玩意儿真搞人心态，不如就那么放着吧，反正不卖就不亏。

正好那阵子工作忙，Robert 就把这件事放下了。

一年多以后，Robert 突然想起自己的基金，打开软件一看，一片绿——大多是亏损状态，唯一盈利的那只基金也没赚几块钱。

对 Robert 来说，那一刻真是晴天霹雳。他还不如把钱一直放余额宝呢，至少每天都能赚一点。

Robert 不甘心，买了几本与投资有关的书来看。看书的时候，他觉得信心满满。看完以后，他上网搜了一些相关信息，看到许多投资人晒出自己的负利率，有的亏损了几十万元，有的甚至亏了几百万元。

Robert 看得心惊肉跳。要是他亏几十万元……简直不

> 敢想。
>
> 　　思来想去，Robert 觉得，还是把钱存银行吧，三年定期，利率比放余额宝里高一点，胜在没啥风险。

将投资作为副业是一项需要谨慎研究和管理的选择。无论是投资初学者还是有经验的投资者，都应该在制订投资计划时尽量保持理性和明智，虽然这确实很难做到。

二、房地产投资

房地产投资主要通过购买、出租或翻新房产来获得收益。房地产投资通常被认为是相对稳健的长期投资方式，持有时可以获得稳定的租金收入，在房产价值上涨时可以获得资产增值。不过房地产市场会受到地区经济波动和市场供需变化的影响，有亏损的风险。

房地产投资的主要是不同类型的房产，如住宅、商业地产和工业地产。购房投资的回报包括房产的增值和居住、使用成本的节省。

如果想投资房地产，获得租金收益，需要研究当地租金市场，了解租金水平、需求和竞争状况，以制定合理的租金政策。

如果希望资产增值，获得增值差价，需要收集资料，预估市场趋势，以做出明智的投资决策。

如果希望通过翻新和翻建房产获得增值收益，最好能先了解装修成本和目标客户的喜好，以提高翻新后房产的价值和吸引力。

许多投资者使用贷款来购买房产，以提高杠杆比率。我们需要考虑贷款的利率和融资成本，以确定投资的可行性。

最后说说房地产投资信托（Real Estate Investment Trusts，REITs）。REITs是由专业的房地产公司或信托基金经理经营的公司，通过在证券市场上发行股票或其他投资工具来募集资金。这些公司主要投资不动产，例如办公楼、商业物业、住宅、医疗设施和酒店等。通过REITs，我们可以以相对低的成本间接投资房地产市场，不过选择这种投资方式需要仔细研究和了解特定的REITs，确保其投资目标和风险承受能力满足我们的需要。

总之，投资是一项复杂的活动，需要我们既要对市场有深入的了解，也要对财务、法律和管理等有一定的了解。在进行投资之前，建议咨询专业人士，以确保我们制定的投资策略符合个人的财务目标和法律法规。

¥ 2.6

灵活副业：兼职工作与自由职业者

灵活副业指的是不固定工作时间和地点的副业形式，有更弹性的工作时间、地点和任务。这种副业形式能使我们更好地平衡工作和生活。

业余时间从事兼职工作也属于灵活副业。兼职工作一般是由特定领域或行业提供的短期或临时性工作，通常以小时计酬。我们可以根据自己的时间表和需求选择合适的兼职工作。

还有很多灵活副业，比如通过共享经济平台，共享出租房、养宠物等；比如提供在线课程或一对一咨询服务，分享自己的专业知识和经验。此外，一些创意行业，如艺术、设计、写作、摄影等，也有灵活副业的性质。

看到这里，也许你已经发现了，很多副业都是灵活副业。

与灵活副业相对的是不灵活副业。这类副业在时间、地点或资源方面有所限制，缺乏灵活性。比如，开设实体店铺或生产某种商品需要在固定的时间和地点出售和生产商品，这就比较缺乏灵活性。

但其实灵活副业也不是彻底灵活的，比如写作副业通常比较灵活，但如果客户要求在固定的时间内交稿，跟我们的主职工作时间冲突，此时就比较缺乏灵活性了。

> Olivia是一个喜欢琢磨穿搭的姑娘。为了省钱，她大多数时候都是去实体店铺闲逛，很少购买。她看了很多关于穿搭的文章，对色彩搭配、流行趋势等都有自己的心得。
>
> 她知道服装行业的利润率很高，尤其是一些设计师品牌。可她不是服装设计专业的，也不认识行业相关的人，所以她没有从事相关工作。
>
> 一次，Olivia穿着一套新买的浅绿色衣裙出去逛街，路上遇到一个女生，一直盯着她看。Olivia也不甘示弱地盯回去。后来，那个女生主动说："你这套衣服真好看，在哪里买的呀？"
>
> Olivia告诉了她购买方式，还加了她联系方式。
>
> 那天之后，Olivia一直在想，其实她可以选一些质感好的衣服，搭配好了，做成自己的"品牌"。凭她的眼光，应该会有消费者购买的。
>
> 想到就去做。Olivia去批发网站选了一些衣服，到货后选了一些质感好的，搭配自己已有的衣服，拍了一些照片发到社交媒体上。
>
> 刚开始，没什么人看到，不过Olivia也不急，反正每天都要穿衣服，那就每天拍几张，选几张发到网上。由于她很会穿衣打扮，拍照效果也不错，慢慢地，开始有人关注她，问她某件衣服从哪里买的。
>
> Olivia租了一间工作室，开了一家店，根据社交媒体上潜

在客户的喜好进货，逐渐将店铺做了起来。由于社交媒体上的陌生客户也不少，所以她也开了一家网店。

她选品认真，会同时买不少衣服，然后挑选质感好的商品进货。而且她会自己把线头等细节处理好，又换上质感好的包装袋，所以客户满意度较高，退货很少。

另外，Olivia还定制了一批印着自己店铺名称的标签，请批发商发货时将衣服上原本的标签替换掉。这样一来，她的产品多了独一无二的性质，加上她自己拍摄的照片，很少有顾客会把她店里的商品和其他店的商品等同，即使它们是从同一个厂家出来的。

对Olivia来说，运营服装工作室是相对灵活的选择，工作时间、地点都相对灵活。她很少去店里守着，有客户想买衣服会提前在微信上联系她，她想休息了就设置免打扰和自动回复，并把网店的所有商品下架。

总体来说，Olivia目前很满意这个副业，各方面都比较自由，而且收入也不低。

自由职业者是独立工作者，为不同的客户提供专业服务，如写作、设计、编程等。他们通常根据项目计酬，可以在不同的项目中自由选择合适的工作。

严格来说，自由职业已经不属于副业，不过其工作内容和很多灵活副业类似，而且通过灵活副业，积累口碑，获取经验，我们也有可能将副业发展为主业，成为自由职业者，所以在这里也列出来进行说明。

其实，自由职业者也不算完全自由的。就像我们前面说的，灵活副业有不灵活的情况，自由职业也会有不自由的时候。依赖少数客户或一种类型的项目可能使自由职业者感到不自由，因为这会使他们在客户关系上更加脆弱，一旦失去某个重要客户可能影响整个收入。市场变化也可能使他们的服务或技能变得不再那么有需求，因此不断学习和提高技术水平是有必要的。

此外，自由职业者的收入可能不如正式工作稳定，缺乏一些雇佣福利，如健康保险、退休金等，需要我们更好地规划财务。

有些自由职业者觉得自己年轻，不太可能生病，加上收入不高，就不买健康保险。这种做法的风险很高，一旦生病，可能会花光积蓄，甚至因此负债。最好能购买灵活就业人员医疗保险，并根据自己和家庭的情况购买补充医疗商业保险。如果实在不想或不能在这方面花费太多钱，可以购买城乡居民基本医疗保险，获得最基本的保障。

如果打算一直做自由职业者，需要好好制定退休规划，包括确定退休年龄、目标退休收入和投资策略等。由于收入不稳定，制订退休计划时要保持灵活性，赚钱多时多储蓄，不要大手大脚地消费。如果能每月按比例为退休储蓄部分资金，可以避免很多财务问题。

总之，同一件事有好的一面，也有坏的一面，我们如果喜欢灵活的副业，想当自由职业者，就需要对这种自由可能产生的麻烦做好心理准备，并制定好应对措施，积极面对。

Part 3

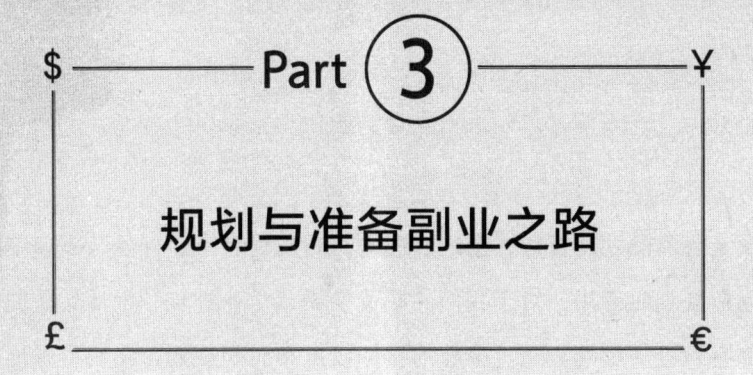

规划与准备副业之路

¥ 3.1

设定副业发展目标与时间规划

设定明确的发展目标，制定合理的时间规划有许多好处，不单单是在进行副业规划时有用，对于我们的职业发展、学业进步、生活品质提升等方面都有积极的影响。通过合理的目标设定和时间规划，我们可以更加有条理地安排工作，提高工作效率、减少拖延，更快地达成目标。此外，这样做还有助于减轻焦虑感，提高我们对工作和生活的掌控感。

清晰的目标不仅能够激发我们的动力，还有助于规划行动步骤，使副业发展更有方向性。设定目标可以采用SMART原则，以确保目标是明确、可测量、可实现、相关和有时限的。SMART是5个英文单词的缩写，代表5个方面。

1. 具体（Specific）：目标应该是具体而清晰的。要避免模糊和宽泛的描述，比如"赚很多钱""买许多漂亮的东西"等。

2. 可测量（Measurable）：目标需要能够量化和测量。这样我们就能够追踪进展并确定是否已经实现了目标。

3. 可实现（Achievable）：目标应该是实际可行的。要确保目标是合理的，能够在给定的条件下实现。

4. 相关（Relevant）：目标应该与我们的其他目标相关联。要确保我们所追求的目标对我们的整体发展和目标有意义。

5. 有时限（Time-bound）：目标需要设定明确的截止日期。设定截止日期有助于管理时间和保持焦点，确保目标在合理的时间内完成。

举例来说，如果我们的副业发展目标是"成为设计师"，显然是不符合SMART原则的。

首先，这个目标不够具体，没有清晰说明是什么类型的设计师。设计师有很多类型，比如平面设计师、室内设计师、建筑设计师等。如果我们打算成为平面设计师，更具体的目标描述可以是"通过参与在线课程和实践项目，学习平面设计软件，掌握排版、色彩理论和图形设计原则，以成为一名具有专业技能的平面设计师"。

使这一目标可测量的描述可以是"每周投入至少15小时学习平面设计，在6个月内完成两门在线平面设计课程，制作两个具体的设计项目，并建立一个在线设计作品集"。从这里我们可以看出，我们必须知道可测量的具体数据，知道满足了什么条件，目标才算完成。如果我们的描述是"每天学习，做几个设计项目，学会平面设计相关软件"就是不可测量的。

这一目标是否合理、可实现，要看个人的实际情况。如果基础薄弱，目标却很高，显然是很难实现的。一个大学刚毕业的学生说"我要在两年内成为小米公司的CEO"，显然是不太可能实现的。即使目标的程度和我们的能力相匹配，如果没有资源和时间保证相应的学习进度，比如每天工作很忙，难以抽出时间学习，这个目标也是不可能实现的。

一个相关的目标可能是"我的职业兴趣是成为平面设计师，我也热爱创意表达，希望能尽早为以后成为平面设计师打下基础"。从目标设定的角度看，我们可以先设定一个大目标，找出实现它所需的主要步骤和要素，从中分解出一个子目标，这样目标之间的相关性就会比较高了。

我们的这个目标已经有明确的截止日期：在 6 个月内。这个时间期限不是一拍脑袋想出来的。那么，我们自己在设定目标的时候，怎么确定时间期限呢？如果是自己相对比较熟悉的领域，可以根据以往经验估算出大致时间。如果是自己不太熟悉的领域，可以上网检索，看看目标领域的其他人的成长建议。有条件的话，直接询问他们，这会更高效。

在目标设定好之后，定期检查评估也是有必要的。比如，我们刚开始设定每周学习 15 小时，但后来因种种原因，达不到这个时间，那么我们就可以适当缩短每周学习。相应的，整个学习时间需要拉长。再比如，学习过程中，市面上出现了一款新软件，使用过这款新软件的专业人士都说好，我们也可以把学习新软件加入学习目标中。

> Emily 是一个进取心很强的女孩子。她在一家广告公司工作，目标是在五年内成为团队领导。
>
> Emily 深入研究了公司的晋升体系和升职的要求，包括所需的技能、经验和背景，据此制定了具体的目标，包括五年目标、三年目标、年目标。
>
> Emily 知道，升职为团队领导需要提升领导技能、积累项目管理经验等，因此她制定了一些短期目标，利用空闲时间和碎片时间，积极参与领导力培训、读书学习、寻求 Mentor（导师）的帮助，以提升自己在领导方面的素养。
>
> 在广告行业，团队合作是关键。因此，Emily 积极参与团队项目，促进团队合作，努力展现和提升自己的协作能力。

> Emily还积极主动地承担更多责任，包括接手一些重要的项目或任务，力图展现出团队领导者所需的责任感和领导风格。
>
> Emily知道，团队领导需要优秀的沟通能力，包括表达清晰、倾听他人、协调团队关系等，因此她参与了一些沟通培训，努力提升自己的沟通技能。在平时的工作中，她也学以致用，尽量与同事、上级和下属建立有效的沟通，团队合作氛围良好。
>
> 在技术学习上，Emily也没有放松，她不断学习行业新趋势、新技术，使自己在团队中具备更优秀的能力。此外，她还通过写博客、参与行业研讨会、分享经验等方式，提升自己在广告领域的知名度。

在进行副业时间规划的时候，我们要深刻掌握自己每天、每周的时间分配情况，合理评估自己可以投入到副业中的时间，确保副业不会过分干扰主业和生活。

副业的成功需要明确的目标、科学的时间规划和不懈的努力。只有合理安排时间、明确目标，我们才能够更加有序、高效地推进副业发展，取得希望获得的成果。

¥ 3.2

学会管理时间、资金和资源

学会有效地管理时间、资金和资源,能降低风险、提高副业的效益,确保副业发展顺利。

一、管理时间

管理时间的一个重点是有效利用碎片时间。碎片时间指的是一天中相对较短、零散、不易被充分利用的时间段。这些时间段通常出现在日常生活的间隙或者等待时期,例如上班途中、排队时、午餐时。这些时间很短,可能不足以完成较大的任务,但足够用来处理一些小事务、学习新知识或者进行其他短暂而有意义的活动。

有效利用碎片时间对于提高效率、实现个人目标非常重要。那么,我们应该怎么利用碎片时间呢?

我们可以把之前设置的任务分解为更具体的、可以在较短的时间内完成的小任务。对于这些小任务，我们可以设置优先级，将自己注意力最集中、效率最高的时间用于处理最重要最关键的任务上。而相对不那么重要的事项，比如阅读一篇文章、观看教学视频、回复邮件等，就可以在碎片时间处理。

如果有某些固定的活动，我们可以在固定的碎片时间处理，建立起习惯。比如每天上班途中，在地铁上看行业相关的新闻。建立习惯，有助于形成更有效的时间利用模式，也更方便我们做计划。

此外，我们也可以选择并利用合适的时间管理工具。现在有很多不同类型的时间管理工具，比如任务列表应用、日历应用、番茄工作法应用等。我们可以根据个人需求和工作流程，选择适合自己的工具。

在执行一段时间后，最好能回顾一下我们的时间利用方式，评估效果。如果时间利用效率低，应该进行调整或改进。这种评估也可以定期进行，比如每周五或月底，建立这种习惯也有助于我们更高效地利用时间。

最后需要提醒的一点是，我们的时间和精力是有限的，对于一些不重要的事情，我们要学会拒绝。比如有同学让帮忙设计什么东西，同事让帮他做什么杂事等。

二、管理资金

学会有效地管理资金是确保副业可持续发展的关键。理智地处理资金事务可以帮助我们避免财务困扰，实现长期的财务目标。

（一）制定预算

明确目标的预算是有效管理资金的基础。我们需要清楚地了解副业的开支和收入情况，确保收支平衡。制定详细的预算有助于我们掌握每一笔资金流动，避免不必要的开支。

(二)建立紧急储备

突发状况可能随时发生，因此，如果可能的话，我们应该建立紧急储备，以便更从容地应对紧急情况。我们可以每月从收益中抽出一部分作为紧急储备，那样无论是库存损失之类的情况，还是自己突然生病之类的情况都可以拿出钱来解决。

(三)精打细算

我们不一定要抠抠搜搜，但支出时最好采取审慎态度。审查每一笔开支，尤其是大额开支，确保这些钱都花在对副业发展有实际贡献的地方。在采购时尽量与供应商谈判，争取更有利的价格，付款周期最好能拉长，减少资金压力。

(四)谨慎借贷

当我们的资金不足时，借贷可以加速副业发展，但还是建议谨慎对待。记得仔细评估借贷成本和自己能获得的收益，确保自己有足够的能力按时还款。

良好的资金管理有助于副业的稳健发展，使副业更有可能长期稳定运营，为我们带来更多收益。

三、管理资源

我们这里说的资源主要包括人力、技能、信息等方面。有效管理这些资源可以帮助我们更好地应对挑战、获取更多机会，并提高副业的整体运营效益。

(一)人力资源的合理配置

人力资源的合理配置是指在副业经营中明智地分配、管理和利用人力资源，以实现高效运营和业务发展。

如果我们是与其他人合作开展副业，最好能明确每个人的任务和责任，比如一个负责设计、一个负责生产。如果分工不明确，可能某个任务没人去做，或者都觉得自己干了很多事情，别人没怎么干，产生矛盾。

在分配任务时，最好能合理利用每个人的擅长领域，这不仅可以提高工作效率，还能激发团队成员的积极性。这就要求我们大家彼此了解，知道自己和其他人的优势和专长。

如果需要的话，我们也可以为团队成员提供培训和发展机会，帮助他们提升技能水平。这可以帮助大家一起适应业务的发展和变化，提高工作效率。

如果业务只在某个时间段特别忙，可以考虑外部人力资源，比如短期雇佣、兼职或外包服务。这种方式比较灵活，可以在不增加固定成本的情况下，满足业务需求。

此外，与他人建立合作关系也是充分利用资源的有效途径。可以与同行业的其他副业者合作，也可以考虑与专业人士合作。这种资源共享可以帮大家一起提高效益。

（二）技能资源的不断提升

通过持续学习和发展自己的技能，我们可以更好地适应市场的变化，提高工作效率，增加业务竞争力。

我们可以先想想自己需要学习和提升什么技能，然后设定明确的学习目标，有针对性地执行学习计划。比如，如果打算开设电商副业，那我们可能需要提升电子商务平台的操作技能，学习一些市场营销知识等，我们可以据此设定一些目标，几天内熟悉页面功能、学到几个营销技巧等。

之后，可以根据个人学习风格和时间安排，选择适合自己的学习方式。我们可以通过在线课程、培训课程、阅读书籍、参加行业活动等多种途径学到知识。

当然，我们也可以在实践中了解自己需要掌握什么技能和知识，然后去学习，边学边练。这种学习方式往往比一直埋头学的效果好，能让我们更牢固地记住知识点。

时代在发展，行业和技术也在不断发展，因此我们有必要一直保持学习的动力，定期更新知识，确保自己的技能始终在行业的前沿。

（三）信息资源的充分获取

及时获得行业、市场和竞争对手的信息，能够帮助我们做出明智的决策，提高副业的竞争力。

我们可以定期订阅行业报告、趋势分析和市场研究报告，了解行业的发展方向、新技术、市场趋势和潜在机会。这有助于我们更好地调整业务策略。比如，如果在电商行业，可以关注电商平台发布的行业报告，了解用户购物习惯、热销产品等信息。

参与行业社群、专业论坛和在线讨论组，与其他从业者交流经验、分享观点，也可以获取实际操作中的一些知识。

了解竞争对手的优势和劣势，关注市场上其他类似副业的发展，有助于我们调整自己的业务策略。比如，如果副业是开奶茶店，可以多关注周围地区的竞争对手，了解他们推出的新产品、促销活动等。

利用社交媒体平台，关注行业领袖、专业机构和相关媒体，获取行业新闻、观点和热点信息也是可行的方式。比如，如果副业与美妆产品相关，可以关注化妆品品牌、美妆博主在社交媒体上的动态，获取最新的美妆潮流。

此外，收集客户的反馈和建议可以帮助我们更好地调整自己的副业策略，更好地满足市场需求。

通过充分获取信息资源的方式，我们可以更好地洞察市场、把握机会，实现更为成功的经营。

3.3

建立有效的自我管理和自我激励机制

自我管理是指有目的地掌握和调控自己的行为、情绪和时间，以更有效地实现个人目标和副业目标。

在进行自我管理前，最好能有明确的目标，否则不知道自己要做什么的话，谈不上自我管理，也没有管理的意义。

调控情绪是一项重要的自我管理技能，直接关系到我们在副业中的表现、创造力、决策能力以及对挫折的处理方式。

如果感觉自己情绪低落，或比较消极，可以给自己一些时间，仔细观察自己的情绪，并尽可能准确地识别出当前的情绪状态。可以记录下引起不同情绪的事件，更好地了解情绪的来源。

不要因为感受到负面情绪而自责，也不要否认或抑制负面情感，毕竟那都只是人类正常的生理和心理反应。

感觉糟糕时，可以进行冥想和正念练习，集中注意力，关注当下的感觉、思维和情绪，减轻心理压力。如果平时喜欢绘画、音乐、写作等，也可以通过这些方式表达情感，舒缓紧张情绪。热水浸泡、瑜伽、运动等，也有助于释放身体中的愉悦激素，减轻压力。如果是喜欢社交的类型，可以与亲朋好友聊天、分享感受，获得支持。总之，不要沉溺于负面情绪，而应采用适合自己的方法，尽快走出来。

如果知道消极影响来自哪里，就尽量远离、减少接触。

> Ava 是一位画家，闲暇时经营一家独立的手工艺品店。她热爱手工艺，对自己的副业充满了激情，然而，她并不总是能有效管理自己的情绪。
>
> 一天，店里来了一位年轻女性，希望为她的婚礼定制一些独特的手工艺品。
>
> Ava 通过与她仔细沟通，了解了她的偏好和需求，便着手为她设计了一些美丽的物品。在沟通的过程中，她们发现彼此有很多相似的经历和爱好，互相很欣赏对方，因此建立了良好的关系。
>
> 有一天，由于个人生活的压力和一些未解决的问题，Ava 在制作订单时遇到了一些技术问题，情绪迅速失控。她感到十分沮丧和愤怒，忍不住在工作室里发泄情绪。
>
> 偏偏那么巧，那位客户突然打电话过来，说自己对 Ava 之前发的设计有一些改进建议。Ava 听到她说"改进"，一下子就情绪失控了。她忍不住讥讽："改进？呵。"
>
> 客户听出她语气不善，也有些生气。
>
> 她们发生了激烈的争吵。
>
> Ava 口不择言，将自己长期以来对客户群体的不满都发泄

到了这位女士身上,说她不懂装懂,自以为是,毫不尊重艺术。

这次争吵不仅让 Ava 失去了这位原本可以成为朋友的客户,还导致了负面口碑的传播。客户在社交媒体上分享了她的不愉快经历,引起了其他潜在客户的关注。Ava 的手工艺品店因此遭受了严重的声誉损失,销售额急剧下降。

面对这些情况,Ava 不得不重新思考自己的情绪管理方式。她开始参加情绪管理课程,学习如何更好地处理压力和挫折。Ava 逐渐改变了自己,重新赢得了一些客户的信任。

从 Ava 的经历中我们可以看到,每一位客户都是宝贵的,而瞬间的情绪失控可能带来长期的后果。好在她最终学会了用更加冷静和成熟的态度管理情绪,重新走上了成功的道路。

再来说说自我激励。自我激励能够使我们一直保持积极的行动态度,推动我们不断追求目标、克服困难。

我们在设定目标、制订计划的时候,可以给自己设定一些奖励。当达到或超过某个目标时,给予自己一些愉悦的体验。如果是大目标或长期目标,奖励可以大一些,比如出国旅游。如果是小目标或短期目标,可以是即时的小奖励,比如吃一个贵的冰激凌。这样做的目的是向自己提供积极的反馈,认可自己的努力和成就。

有时候,太远的目标或奖励我们会觉得有点远。可以把与之相关的物品照片打印出来,贴在书桌前,每天看一看。比如奖励是出国旅游,可以找到自己最喜欢的国家的照片打印出来。这样每天看着,会更容易使我们产生动力。

如果有偶像或榜样,可以阅读他们的传记,学习他们身上的优秀品质,激发我们对成功的渴望。如果能获得朋友、家人或同事的支持和鼓励，也可以把目标告知他们，与他们分享过程中的开心和苦恼。他们的认可和祝贺会让我们更有动力。

James怀揣着对美食的热爱和创业梦想，决定开设一家独具特色的餐厅。然而，创业的道路并不如他想象得那样顺利。

James最初决定开店的时候，对所需资金的估算比较笼统，觉得差不多够了。但他同时也是个讲究品质的人，在装修、购买设备等的时候，一看这件东西比那件贵几百元、几千元，但品质要好许多，就决定买这件。一件两件看不出差距，数量多了就显出来了。

本来，开店的各项开支就很多，这种超出预期的支出更是让他的腰包越来越瘪。原本好友说跟他一起合资开店，钱却一直没有汇过来。James陷入了财务的泥潭，感到焦虑极了。

在这样的困境中，James意识到需要一种强大的力量来支撑自己，否则如果走不下去，前期投入的积蓄就打水漂了。

经过深度思考，James给自己设定了明确的目标：在一年内使餐厅成为市里最受欢迎的地方。这个目标看似遥不可及，但这个目标让他产生了前所未有的激动，他决定拼一把。

James意识到了自己的问题，将前期贵价购买的物品能退换的都退换，回笼了一部分资金。可是他需要学习和管理的事情还有很多，因此依然焦头烂额。他每天熬夜到一两点，六七点又强撑着起来继续工作。

他无数次想过要放弃，但那个遥远的目标一直激励着他。

他也不断激励自己、告诉自己，只要过了这一阵就好了。

他积极学习了更高效的厨房管理模式，找到了更为经济实惠的食材进货渠道，并通过优化菜单减少了浪费。这些改变不仅提高了厨房的生产效率，还减轻了他的财务压力。

餐厅逐渐经营起来，但James也知道，靠他自己肯定是达不成目标的，他需要建立强大的团队。尽管资金有限，但他通过诚恳邀请、许诺丰厚回报的方式，吸引了一群对美食充满热情的年轻人。团队协作的力量远远超过了个体的付出，餐厅的经营开始逐渐走上正轨。

建立有效的自我管理和自我激励机制是副业成功的基石。很多时候，就是这些小小的心态和行为的改变，铸就了最后的成功。

3.4

寻找合作伙伴，建立团队协作

当副业规模较大，或者副业细分项目较多时，我们需要寻找合作伙伴。在寻找合作伙伴过程中，我们需要注意一些重要的问题以确保合作可以顺利进行。

一、确定合作对象

在寻找合作伙伴之前，我们需要清晰地了解自己的合作目标和期望。比如，我们需要想清楚，项目需要什么样的资源，是技术方面、财务方面，或者市场推广方面等；我们自己已有的资源是哪些，需要获得补充的资源有哪些；这个合作伙伴是长期需要，还是短期内合作完一个项目后就结束；合作伙伴在这些目标中需要发挥什么作用，在项目中扮演什么角色，承担什么职责等。

基于这些期望，我们可以确定合作伙伴所在的领域和需要具备的专业技能。在确定好之后，就可以着手寻找合作伙伴了。如果想寻找专业性较强的人才，可以通过参与行业论坛和在线群组等方式，与行业专业人士交流，寻找符合自己需求的人才。

对于比较宽泛的需求，可以通过参与行业活动、社交聚会、研讨会等方式，结识潜在的合作伙伴。在这些场合，人们更乐意分享自己的专业背景和兴趣。

此外，也可以利用专业社交媒体平台，建立个人或企业账号，与行业专业人士建立联系，吸引对我们的项目有兴趣的人。

对于潜在合作伙伴，我们需要调查其过往工作经历、项目经验和专业技能，预估他们在相似项目中的表现。

在有了可以建立合作的伙伴后，可以跟对方协商，表达自己的期望，包括对工作质量的要求、对工作交付时间的要求等。事先明确表达期望有助于建立透明的合作关系，减少误解。

如果是比较重要，或者需要长期合作的伙伴，我们需要与对方深入交流，了解他们的价值观和商业理念。

如何了解呢？在初步沟通阶段，我们可以通过开放的对话方式，询问有关个人和专业价值观的问题。可以直接询问对方对商业伦理、可持续性发展等方面的看法，也可以与他们探讨业务或项目的长期目标。通过谈论共同的目标，我们能更好地了解合作伙伴在商业决策和行为中所关注的核心价值。

此外，我们还可以在社交媒体上关注合作伙伴，了解他们的言谈举止、发表的观点，以及参与的社交和专业活动。如果有共同认识的人，可以了解客户或合作伙伴对他们的评价。

如果可能，可以在正式合作之前进行一些小规模的合作，以评估合作伙伴在业务决策和合作过程中的价值观。

这些方法可以结合运用，以便全面深入地了解潜在合作伙伴的价值观，确保选择的合作伙伴与我们的业务目标和价值观相符。

二、确定合作内容

在确定合作意向后，可以与对方协商合作的具体模式，比如是合资、合作开发还是其他形式。

对于合作的时间框架和期望的合作周期也需要事先明确，达成共识。

我们都期望合作能够一帆风顺，但难免会出现一些意外情况，因此我们需要跟合作伙伴一起进行风险评估，并制订应对计划，比如遇到时间延误、资源短缺等情况时如何解决，以便在面临风险时能够迅速做出反应，也能明确责任，避免矛盾。

最后，我们需要制定一份清晰、明确的合作协议，包括双方的权利、责任和待遇等。协议要涵盖项目的方方面面，以减少合作中的法律和经济风险。对于比较重要的协议，最好能请专业的法律顾问审查。

在合作过程中，我们可能会与伙伴发生一些矛盾或冲突。针对这类问题，我们需要确定彼此是互相信任的，否则无论对方说什么、做什么，我们都会有所怀疑，更谈不上有效沟通。

彼此信任的前提是在合作过程中保持透明，团队成员能够随时分享信息、提出问题，避免信息不对称和误解。

任务和项目可能会发生变化，因此在合作过程中要保持灵活性，根据情况调整合作事宜。

跟很多男性一样，Lucas 对各种汽车兴趣浓厚。他了解市面上的各类汽车型号，对它们的优点和缺点都了如指掌。等到工作后，攒了一笔钱，Lucas 终于有机会拥有属于自己的汽车。但他看来看去，总是下不了决心：只要再加一点钱，就可以买那辆内饰更漂亮的型号；再加一点，就可以买另一辆性能更优越的。这样一点点加上去，心仪的汽车价格超出了他的支付能力。

不得已，Lucas 开始关注二手车。Lucas 虽然对汽车比较了解，但毕竟是业余的，对自己的判断不是很有自信。另外，他还担心车辆有暗伤和潜在故障等，自己却没有能力检查，所以迟迟无法确定。

可是，二手车的价格真的很诱人。省下那么多钱，干什么不好呢？

每到休息日，Lucas 就去二手车市场闲逛。去的次数多了，他发现很多人都有跟他相似的顾虑。Lucas 转念一想，如果有人能帮人们解决这个问题……虽然现在也有大平台做二手车买卖的生意，但平台收取的费用较高，交易也不是很方便；也有车商在做这类事，但很多人不信任他们，怕遇到不好的车商吃大亏……

如果自己能在社交媒体上做科普和买卖服务，打造个人品牌，积累粉丝信任度，也许能慢慢做起来。

但自己对车辆检查不专业，平时也要工作，时间上不是很灵活，可能需要有个合作伙伴一起做这件事。于是，他开始了寻找合作伙伴的过程。

Lucas 在当地的汽车圈子里进行了调查，参加了一些汽车交流活动，结识了一些业内人士。通过这些活动，他找到了一位名叫 Alex 的汽车行业从业者。Alex 有着丰富的汽车维修经验，有深厚的行业内人脉，看起来是 Lucas 理想的合作伙伴。

在一次面对面的会谈中，Lucas 向 Alex 表达了自己的想法和计划，希望能够与他合作开展二手汽车买卖。Alex 对 Lucas 的热情和专业产生了好感，也看出了这个行业的发展潜力。于是，双方决定正式合作。

在合作的过程中，他们遇到了一些挑战。首先，他们在商业模式和分工上存在一些分歧。Alex 更偏向传统的销售渠道，而 Lucas 更倾向于拓展线上渠道。这让他们需要花费更多的时间去协商，以找到平衡点。

在合作初期，他们的沟通和信息共享方面也存在一些问题。Lucas 发现，要保持合作的高效性，他们需要建立一个更加透明、及时的信息交流系统。他们引入了一些在线协作工具，以确保双方都能及时了解市场动态和交易进展。

好在通过不懈努力和相互理解，Lucas 和 Alex 克服了这些问题，建立了稳固的合作关系。他们逐渐适应了对方的工作方式，取长补短，最终实现了在二手汽车买卖领域的共同发展。

三、维持合作关系

在与个体或团队进行合作前，可以制定激励机制，比如提供奖金、分红、股权或其他激励措施。这些激励措施要与个体和团队的表现直接相关。如果合作伙伴的表现卓越，可以通过口头表扬、奖励仪式或其他形式的公开认可表达认可。

如果合作伙伴想要继续学习，可以为其提供继续学习和发展的机会，包括培训、进修课程、导师制度等，帮助他们提升职业技能和提高知识水平。

总之，选择合适的合作伙伴，并营造一种积极向上、支持性的工作环境，让合作伙伴感到工作是有意义的，他们的贡献是被重视的，可以使合作更稳定和可持续。

Part 4

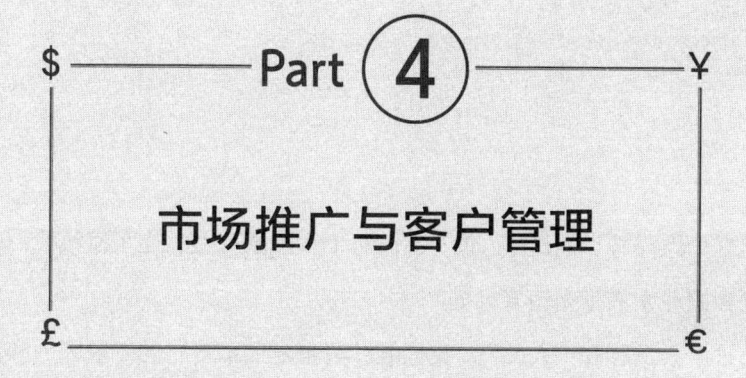

市场推广与客户管理

¥ 4.1

建立个人品牌与"人设"

建立个人品牌、塑造"人设"不仅对个人形象有益，还可以给我们的职业生涯和副业发展带来诸多好处。

通过个人品牌和"人设"，我们能够清晰地展示自己的专业能力和独特技能，因此更容易赢得他人的信任，也更容易增强自己在行业中的声望。好的个人品牌还能够引起潜在雇主、客户或合作伙伴的关注，为我们赢得更多合作机会，也能让我们更容易从众多竞争者中脱颖而出。

一、建立个人品牌

1. 明确自己价值的独特性。想要建立个人品牌，我们需要先明确自己在行业中能够提供的独特价值，与竞争对手做区分。这里说的独特价值包括特殊的技能、独特的方法论、深刻的理解或创新的思维方式。不妨认真想想，我们对行业有什么独特的见解或观点，自己的个性特点和价值观对工作有什么影响，然后将自己的故事与个人品牌联系起来。

2. 推广品牌。我们可以在主要社交媒体平台上建立和管理一个展示作品、经验和见解的账号，增强个人品牌的可见性，也方便我们与粉丝和潜在客户互动。我们不一定要只谈专业相关的内容，可以聊聊自己的职业旅程、成就、挑战和教训，这会更容易激起读者的共鸣，让他们更容易与我们建立情感连接。

除了文字表达外，也可以利用视频、照片等视觉内容。视觉内容可以更直观地传达信息，而且通常更具吸引力，因此在社交媒体、网站和广告中使用它们可以吸引更多的关注和互动。视觉内容还更容易被大脑记住。需要提醒的是，我们使用的视频和照片最好是自己拍摄或购买了使用权的，避免版权问题。

二、打造人设

1. 确定人设。在打造个人品牌时，可以精心设计个人标识，包括专业的头像、标志和颜色方案，形成一致的品牌形象。这类标识最好有一定辨识度，让人容易记住。

在某些行业，选择一张清晰的照片做头像是比较好的。可以选择一张头肩照或半身照，确保照片的背景简洁，突出面部特征。这类头像需要显示出专业性和亲和力。

个人标志是一个图形符号或文字标识，代表你的品牌。标志设计应该考虑到你的个人特点、专业领域和目标受众。标志可以包括你的姓名首字母、专业图标、符号或其他元素。

选择一套一致的颜色方案对个人品牌的一致性也有积极影响。这些颜色可以用于标志、社交媒体资料、个人网站、名片等。颜色方案应该与你的品牌形象和目标受众相符。

设计好个人标识后，最好向朋友、同事或专业设计师寻求反馈，问问他们的看法和意见。如果有不合适的地方，就进行改善和调整。

2. 推广人设，拓展人脉。个人品牌是一个不断演进的过程，随着时间的推移，我们的品牌标识可能需要调整或更新，以适应职业发展和目标受众的变化。

参加行业会议、研讨会和活动，与同行合作等，也有许多好处，比如可以帮我们拓展人脉，建立专业关系，提高我们的知名度。

当有一定知名度后，可能会有品牌或公司寻求合作。我们可以根据自己的需求选择合作方，最好选择能提升我们正面形象，增加知名度的品牌。如果对方品牌与我们的形象不符，建议婉拒。

有可能的话，多争取媒体曝光，接受采访，提高个人品牌的知名度。有必要的话，也可以规划一笔预算，利用广告和宣传手段，扩大个人品牌的影响力。

三、利用品牌和人设创造收益

知名度达到一定程度后，可以考虑如何高效率地获取收益。如果是行业专家，可以考虑提供咨询服务，分享专业知识，收费获取利润。也可以考虑制作和推出线上课程或培训，赚取收益。

如果是穿搭博主、美妆博主等与某类物品关联性较强的账号，可以考虑利用自己的知名度，销售个性化的产品，如定制商品等。当然，只要有一定知名度，销售产品都会有优势，不一定要严格限制在自己的专业领域内。

当个人品牌建立起来，有了一定收益后，还可以创建个人品牌网站，在网站上展示自己的作品、服务和其他相关内容。

Eric 是某大型企业的 HR（人事经理），从事职业规划师已有数年，对于如何帮助人们找到职业方向、发现职业潜力有着丰富的经验。然而，他渐渐意识到，要在这个领域中脱颖而出，获得更丰厚的回报，他需要更多的曝光和知名度。

于是，他在各大社交媒体网站上发表了不少关于职业规划的文章，后来又自费结集出版。

这些努力让许多人知道了他的专业能力，遇到难题时会主动向他求教。可惜，愿意支付高额咨询费用的还是寥寥无几。

为了进一步提升个人品牌的知名度，Eric 主动联系各类行业相关的媒体，分享自己的成功案例和职业见解。同时，他还请人制作了一批专业且富有个性的广告牌，将自己的形象直观地展示在城市的繁华地段。这些广告牌上简要介绍了他的职业理念，突出其专业性和独特性。

Eric 的个人品牌不断升温，他开始受邀参与各类职业展会和研讨会。通过积极的公关活动，他建立了广泛而强大的职业网络，与更多有影响力的人物建立了深厚的合作关系。

与此同时，Eric 还开设了在线课程，分享他的职业智慧。这不仅为他带来了额外的收入，更让他的个人品牌得以延伸到在线平台，吸引了更多求知欲旺盛的学员。能够帮助这么多人，也让 Eric 感到很自豪，觉得自己做的事是有价值的。

建立强有力的个人品牌和独特的"人设"后，我们会更容易在副业领域脱颖而出，获得物质和精神层面的双重满足。

4.2

精准引流和"涨粉"

通过精准引流和有效的"涨粉"策略,我们可以快速增加粉丝群体,为副业创造更多商机。

在制定引流策略之前,我们要了解目标受众是谁,并明确目标受众的兴趣、需求和行为。按照不同的标准,目标受众可以分为很多类型。这类标准可以按年龄段、性别、职业、受教育水平、所处地理位置、消费能力等划分,也可以笼统地概括为有某种特点的类型。

一、按年龄段引流

按年龄段划分是一种常见的划分方式。一般是将目标受众分为不同的年龄段,如儿童、青少年、成年人、中年人和老年人。每个年龄段可能有不同的需求、兴趣和消费习惯。

1. 儿童通常需要与他们的年龄相适应的玩具、教育产品和娱乐内容。他们还需要学习基本技能,如阅读和写作。儿童通常比较喜欢卡通角色、动画片、童话故事和游戏。儿童想要某样东西时，通常需要告知家长，由家长做出购买决策，但我们可以通过广告和品牌形象来影响儿童的喜好和选择，间接影响家长的购买决策。

2. 青少年需要学习资源、社交媒体、时尚和娱乐内容。他们还可能对汽车、手机和消费品产生兴趣。青少年的兴趣主要包括音乐、时尚、社交互动、电子游戏和体育。有的青少年具有独立的消费能力，但他们也会受到同龄人和社交媒体的影响。

3. 成年人需要与事业、家庭和生活相关的产品和服务，如职业培训、住房、婚礼策划、家庭保险和儿童教育。成年人的兴趣范围广泛，对职业发展、家庭生活、健康和娱乐等都可能产生兴趣。成年人通常有更高的购买力，可能会更注重品质和品牌。

4. 中年人需要与健康、财务规划、家庭关系和退休相关的产品和服务。他们也可能对房地产、养老金和旅游感兴趣。他们的兴趣可能是健身、家庭活动、文化活动和旅行。中年人通常有稳定的收入，他们可能更注重品质、可持续性和长期价值。

5. 老年人需要医疗保健、退休规划、长期护理和旅游服务。他们还可能对家庭遗产和慈善事业感兴趣。他们的兴趣可能是健康保健、文化活动、社交互动和旅行。老年人会更注重产品的可靠性，希望在购买后获得良好的客户支持和服务。

细分不同年龄段的目标受众可以帮助我们更好地满足他们的需求，制定相关的市场策略，并更有效地与他们互动。

二、按性别引流

将目标受众按照性别分为男性和女性也是一种常见的市场细分方式。以下是根据性别划分目标受众时可能出现的差异和相关特点。

1. 男性目标受众的差异和相关特点：①男性通常更倾向于迅速做出购买决策，注重产品的功能和性能。②他们可能更注重技术规格、性价比和产品的实用性。③男性在产品偏好上可能更倾向于科技、汽车、运动和户外活动等领域。④他们可能更喜欢功能强大、耐用且具备性能优势的产品。⑤男性通常更倾向于线上购物，尤其是在购买电子产品、数码设备和大型商品时。⑥他们可能更注重购物的便捷性和效率。

2. 女性目标受众的差异和相关特点：①女性更喜欢深思熟虑，会考虑购物体验、品牌声誉和客户评论。②她们可能更喜欢与产品和服务有情感联系的购物体验。③女性在产品偏好上可能更关注家庭、健康、美容和家居装饰等领域。④她们可能更注重产品的外观、舒适性和可用性。⑤在线上、线下的价格相差不大时，女性通常更倾向于线下购物，尤其是购买服装、饰品和化妆品时。⑥她们可能更注重实际试穿和触摸产品的体验。

理解性别差异有助于我们更好地满足不同性别受众的需求和期望，制定相关的市场营销策略和产品定位。但同时我们也应该注意避免性别刻板印象和歧视，鼓励多元化和包容性。

需要注意的是，上面总结的特点只是一般性的趋势，实际情况会因个体差异而有所不同，且个性大于共性。

我们在定义目标受众时，往往需要综合考虑多项因素，比如同时考虑他们的年龄、性别、消费能力等。在某些时候，我们也可以不用这种方式划分，而是自己定义目标受众。比如，我们想要做手工艺制品副业，目标受众是对手工艺术感兴趣的年轻人，这些年轻人的特点是消费能力强、对品质要求高，居住在经济较发达的地区，喜欢使用某社交应用等。

在宣传和推广的时候，我们需要根据目标受众的喜好做挑选。我们需要多关注目标受众的喜好，如果他们开始喜欢在某个新兴平台上活跃，我们也要做相应的改变。

此外，与同行或相关领域的创作者合作、举办活动、提供独家福利、保持与粉丝的互动等，都可以吸引粉丝，提高粉丝忠诚度。

> Amelia在一家技术公司工作，工作琐事繁多，经常需要加班，因此她常常感到压力大。她对抗压力的方式是旅行，经常周五下班后就坐飞机到一个陌生的城市，周一清晨再直接从机场去公司上班。
>
> 这种旅行方式花销很大，所以她想着，不如将自己的旅行点滴分享给更多的人，一来可以作为一种记录，二来也许能获得收益。
>
> 她在社交媒体上创建了新的账号，专门分享自己在旅行中的见闻，以及一些实用的旅行建议、当地美食推荐等，并鼓励大家留言分享自己的看法和经验。
>
> 为了在数量庞大的旅行博主圈中脱颖而出，Amelia决定试试精准引流策略。
>
> 她关注了一些热门的旅行话题，通过研究社交媒体算法，了解用户的兴趣点，以便更好地抓住观众的眼球。她在分享旅行见闻时很注重细节，以便引起读者的好奇心。对于一些独特的景点和特别的旅行经历，她还会巧妙设置悬念，吸引大家看到结尾。
>
> 除此之外，Amelia还积极参与与旅行相关的线上社群和线下活动，扩大自己的社交网络。通过这些活动，她认识了其他旅行博主，于是主动与他们合作，互相推荐，共同提高曝光度。

> 她见其他旅行博主会做直播，所以她也在后来的旅行中不定期直播，让观众与她一同见证旅行的精彩，吸引了更多的粉丝。
>
> 为了提高与粉丝的互动性，Amelia还组织了一些线上问答和线下见面会，加强与粉丝之间的联系，使她的旅行博客不仅是一个信息分享平台，更是一个温馨的社区。

三、提高搜索引擎优化（SEO）排名

精准引流的另一项重要措施是提高搜索引擎优化（SEO）排名。它能使更多人找到我们，帮我们增加流量。不过这是一项比较复杂的任务，需要综合考虑多个因素。

1. 我们需要进行关键词研究，了解目标受众常用的搜索词，然后将这些关键词巧妙地融入网站内容、标题、描述、标签等位置。

2. 发布文章的时候，设置清晰的标题和子标题，并在内容中使用标点符号和列表，使页面易于阅读。

3. 如果有个人网站，需要将网站结构优化，使网站结构清晰，易于导航。可以使用XML网站地图，帮助搜索引擎索引网站的所有页面。网站上的图像大小也可以进行优化，以提高网站加载速度。我们还可以在网站上集成社交媒体分享按钮，提高社交媒体的参与度。

当然，还有很多其他更专业的知识和技术来帮助提高搜索引擎优化排名，可能需要专门学习或请专业人士操作。这些操作可能不会马上有效果，需要我们进行持续的努力和优化。

4.3

细分领域,打造主次平台生态圈

一、细分领域,定位明确

在某一细分领域中找到自己的立足之地,并巧妙构建主次平台生态圈,也是副业发展的一个方向。

在选择副业时,最好能避免过于泛泛、不具体的方向,而应选择一个定位明确的细分领域。比如,"当一名插画师"就是很不具体的副业方向,因为插画师干的具体工作可以细分。他们可以在线教授插画课程或提供个人指导,可以将插画制作成定制商品销售,可以创作绘本、漫画并出版,可以为活动、演出或节日制作宣传海报等。甚至还可以继续细分,比如漫画面向的读者群体可能是幼儿、少年,也可能是成年人,题材可能是针对男性读者的,也可能是针对女性读者的。很少有插画师可以同时做所有工作,这一方面是由于我们的时间和精力有限,另一方面也是由于在选择细分领域时，要根据自己的兴趣和能力、市场需求和趋势、竞争环境、目标受众、成本等综合考虑。

如果是投资比较大的副业，在正式投入之前，可以进行一些实地调研和小规模测试，这有助于减少潜在风险。

跟很多人一样，Ellie 将写作当成副业。起初，她尝试写小说，但投稿一直没过，发在网上也无人观看。她写了几十万字，一分钱没赚到，也没得到一个读者的喜爱，难免有些灰心。

其实她自己也明白自己的问题。她的文笔还算可以，但故事情节无聊，很难吸引人一直看下去。

Ellie 也试过改变，但她实在写不来那种情节跌宕起伏的小说，即使勉强写出几百字，看起来也怪怪的，只好暂时放弃了。

她偶尔也写散文，但过稿率低，稿费收益也不高，不是长久之计。

Ellie 想寻找一条新的道路。

在写作的同时，Ellie 始终对健康和生活方式感兴趣。一天，她在研究写作题材时突然意识到，在健康与生活方式这个细分领域，尤其是健康饮食与运动方面，存在着持续的需求。

Ellie 决心将自己的写作天赋投入到这个有趣而具有挑战性的领域。她重新在社交媒体上创建了一个个人账号，命名为"健康生活笔记"。她分享了许多有关健康饮食、科学运动和生活方式的文章，获得了一些关注。

她深入研究了营养学、运动科学以及生活方式趋势，确保自己写的文章不仅具有科学性，而且还有实用性。慢慢地，

Ellie 有了越来越多的关注者。

为了在这个领域更专业，Ellie 投入了大量时间参与健康领域的培训和研讨会。她获得了一些健康专业机构的认证，这使得她分享的内容更具权威性。

为了提高可信度并拓展读者群体，Ellie 分享了许多日常的健康小贴士、自己的饮食计划、运动心得，甚至谈了一些她个人的生活故事。这种真实而亲近的交流方式，让她的读者不再仅仅是读者，更成为她的朋友。

为了进一步满足读者的需求，Ellie 开始尝试多元化的内容形式。她撰写了电子书，制作了有关健康饮食与运动的视频，还开设了在线课程。这些努力不仅让她的写作业务变得多元，也为读者提供了更深层次的学习和参与机会。

二、主次平台，相得益彰

在细分领域中，主次平台的构建也是有必要的。

主平台是副业的核心和主要运营点，通常是提供主要产品或服务的地方。在主平台上，我们的核心业务、核心产品或核心服务可以得到最直接的呈现和展示。它是我们副业的重心，直接影响到我们的品牌形象和核心业绩。

次平台是主平台的补充，通常围绕主平台展开，通过不同的形式为主平台提供支持。次平台可以是社交媒体账户、博客、线上课程、专栏等，用于与目标受众互动、分享补充性内容、拓展影响力，或提供与主平台相关的其他服务。

主平台和次平台的集合形成了一个生态圈，是一个相互关联、相辅相成的整体。

生态圈的建立有助于扩大影响范围，提升用户体验，形成更完整的品牌形象。

建立主次平台生态圈需要深刻理解目标受众，精心设计每个平台的角色和功能，确保它们相互协同，为副业的整体成功做出贡献。

比如，某位健身教练的主平台是一个健身服务网站，展示他的专业资质、服务项目、客户评价等信息。这是潜在客户了解教练专业能力的首要来源。教练在微博上建立了一个次平台，用于分享健身知识、训练技巧、客户的变化过程并与粉丝互动。这个平台是与广大粉丝互动的场所。主平台和次平台形成了一个生态圈，使得教练的个人品牌在健身领域得到巩固和扩张。这个生态圈不仅吸引了更多潜在客户，还提高了教练在健身领域的影响力，使其成为一个备受关注和信赖的健身品牌。

> Michael 平时喜欢健身。他认为健身教练的收入不错，便考了证，在一家常去的健身房兼职健身教练。他对健身充满热情，为了将自己的专业知识和热爱传递给更多人，他决定通过互联网打造自己的个人品牌。
>
> Michael 选择了一家知名的健身服务网站作为他的主平台。在这个平台上，他精心设计了个人资料页面，详细展示了自己的专业资质、服务项目以及客户的真实评价。潜在客户通过这个主平台，可以清晰地了解 Michael 的专业背景和服务质量，主平台是他们了解教练的首要渠道。

Michael深知，要想在竞争激烈的健身行业中脱颖而出，仅仅依靠主平台是不够的。因此，他在微博上建立了一个次平台，专门用于分享健身知识、训练技巧。这个平台不仅是知识传递的场所，更是他与广大粉丝互动的社交平台。

在微博上，Michael不仅分享健身小贴士，还会在案例中深入解析训练方法和营养规划。他还会定期发布一些客户的变化过程，通过真实的故事展示健身的力量。

此外，他还定期举行在线健身挑战和互动活动，让粉丝的参与感更强。这些措施使他和其他健身爱好者形成了更密切的关系。

Michael的这些策略，使得主平台和次平台之间建立了桥梁。在微博上，Michael引导粉丝更深入地了解他的教学理念和风格，使他们更愿意转向主平台了解更多详细信息。而主平台上的粉丝为了了解更多知识、与Michael互动，也会在此平台与他建立联系。

通过在细分领域中打造主次平台生态圈，我们不仅能够更精准地满足市场需求，还能够在竞争中脱颖而出。

4.4

口碑营销与重复消费策略

建立口碑营销和重复消费策略是一种强大的工具，能够推动副业持续增长。

一、口碑营销

口碑营销是一种通过顾客的口口相传传播正面信息，增强品牌声誉的策略。良好的口碑有助于吸引新客户、提高忠诚度，对副业的长期发展至关重要。

想要建立口碑营销，重点是提供能够满足客户需求的高质量产品或服务，让客户的满意度超出其预期。

1. 为了达到这一效果，我们需要主动了解客户的需求，提供个性化服务，使客户感到被重视。在与客户进行沟通时，要清晰明了地介绍产品、价格、政策等，以避免客户产生误解和不满。

2. 如果客户有疑虑或问题，我们需要展现专业和负责的态度，绝不推卸责任。在处理售后问题时，这一原则尤其重要。无论是因为什么原因产生的售后问题，我们都要积极主动解决。如果是我们的问题，可以提供一些额外的赠品或折扣，弥补客户的不便。

3. 如果在社交媒体上有账号，要积极参与，回应客户的提问和评论。平时可以分享一些有趣、有深度的内容，提升品牌知名度，增加用户黏性。

4. 一些额外的服务，如送货到家、快递优先、免费礼品包装等，都可以为客户创造额外的价值感。在特殊节日或客户生日时发送贴心的礼品，也可以增加客户对品牌的好感。当然，我们很难为每一位客户提供这些服务，可以划分会员等级，每个等级的客户有对应的额外服务选项，或者他们也可以付出相应的积分兑换额外服务。

5. 收集客户反馈，根据他们的意见调整和改进服务也是很有必要的。

总之，提供让客户满意的产品和服务，可以使客户忠诚度提高，更容易建立口碑营销。

Allen 一直梦想着能够做一些对环保有意义的事情。某一天，他看到身边很多人因为新电子产品的不断更新而淘汰旧设备，突然有了一个创业的灵感——二手电子产品回收和修复服务。

Allen 做了调查，发现许多人都不知道如何处理旧电子产品，而一些人又因为维修费用昂贵而选择直接淘汰。于是，他决定创办一家以回收、修复和重新销售二手电子产品为主的小型工作室。

Allen 开始学习有关电子产品的维修知识。在这个过程中，他遇到了几位志同道合的同伴，大家都觉得这件事可做，于是合伙开了一家公司。

他们了解到，很多人之所以不愿意出售旧电子设备，是因为设备上存储了大量的个人信息和数据，他们担心个人数据可能被滥用或泄露。针对客户的这一顾虑，Allen和他的同伴向客户承诺，他们会提供安全可靠的数据擦除服务，确保用户的个人信息不会被滥用。

还有一些人是觉得出售旧设备的回报相对较低，不值得花费时间和精力。针对这类客户，Allen和同伴决定提升一定的回收价值，并提供购买新设备的优惠券。此外，他们还简化了售卖流程，使用户可以轻松完成整个售卖过程。

电子产品回收过来后，他们进行检修和修复，使其焕然一新，然后以较低的价格重新售卖。

为了建立起公司的口碑，他们采取了一系列营销策略。

首先，他们在社交媒体上发布了一些关于环保和二手电子产品的知识分享，吸引了一批关注环保理念的粉丝。他们还在公司网站上建立了一个博客专栏，详细介绍了他们修复电子产品的过程和成功案例。

为了增加用户互动，他们还设置了线上咨询窗口，及时回答客户的问题。这不仅拉近了公司与客户的距离，还让更多人认识到他们的环保理念和专业修复服务。

Allen还在公司的官方网站上设置了一个客户评价板块，鼓励顾客分享他们的购物体验。正面的评价是公司的宝贵财富，而对于一些负面的反馈，Allen会积极主动地解决问题，展现出公司的负责态度。

他们的用心经营并不仅仅局限于线上。Allen组织并亲自参与了社区的环保活动,为当地居民提供免费的电子产品检测和维修服务。这些举措让他们在社区中建立了良好的口碑。

时间慢慢过去,Allen的二手电子产品回收和修复服务逐渐崭露头角。他的公司成为当地居民处理旧电子设备的首选,口碑也逐渐传开。越来越多的人选择将废弃的电子产品送到他的公司,而不是丢弃或堆放在家。对于需要购买二手电子产品的人来说,他们也更倾向于选择经过专业维修、有保障的二手设备。

二、重复消费策略

重复消费策略是指企业采取一系列措施,促使现有客户多次购买其产品或服务。这一策略的核心理念是通过建立稳固的客户关系,使客户成为长期的、重复购买的消费者。以下是几种常见的重复消费策略。

1. 会员制度和奖励计划:通过建立会员体系,为忠实客户提供专属福利和折扣。奖励计划可以是积分制度、折扣券或赠品,激发客户多次购买的动力。

2. 个性化服务:了解客户的购买历史和偏好,为其提供个性化的购物建议、促销信息和定制服务,增加客户满意度,使其更愿意重复购买。

3. 定期购买计划:推出定期购买计划,鼓励客户预订、订阅或定期购买产品或服务。这种方式可以增加稳定的销售收入,并减少客户流失。

4. 客户忠诚度计划：设计一系列的忠诚度计划，如专属活动、生日礼物、提前购买权等，以增强客户对品牌的忠诚度。

5. 持续沟通：通过电子邮件、短信、社交媒体等渠道，保持与客户的定期沟通。与客户分享新产品信息、促销活动和品牌故事，使客户保持对品牌的关注。

6. 提供升级和附加值服务：提供更高级别的产品或服务，或者为客户提供升级选择。附加值服务如延长保修期、免费维修等，可以增强客户对品牌的信任。

7. 建立社区感：创建一个社区平台，鼓励客户分享使用经验，互相帮助，并与品牌建立更深层次的关系。社区感可以促使客户更愿意重复购买并推荐品牌。

8. 推出新品和限时促销：定期推出新产品或限时促销活动，激发客户的购买欲望，促使其再次购买。

9. 定期反馈调查：收集客户反馈，了解他们的需求和期望，及时改进产品和服务。通过积极响应客户的反馈，增强客户对品牌的信任感。

10. 优化购物体验：努力提供愉悦的购物体验，包括友好的客户服务、简便的购物流程和高品质的售后服务。良好的购物体验可以增加客户的满意度，使其更倾向于再次购买。

通过执行这些重复消费策略，可以有效地提高客户忠诚度，使客户成为长期忠实的重复消费者，使我们更能抵御市场波动和竞争压力。

Part 5

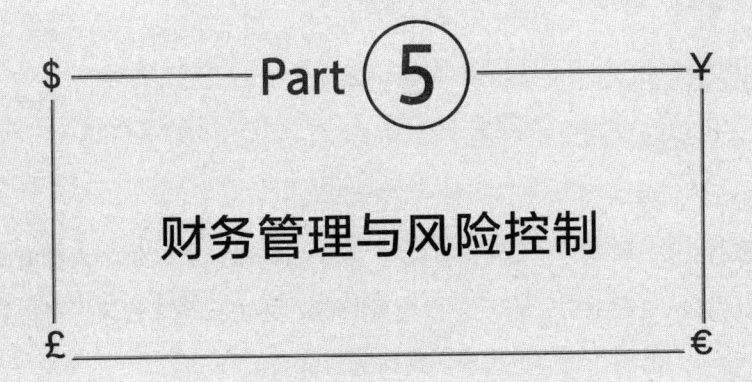

财务管理与风险控制

¥ 5.1

设定个人财务目标与预算管理

做副业，一般是为了赚更多收益。至于用钱做什么，每个人都有自己的规划。在从事副业时，设定个人财务目标，并进行预算管理，可以让我们更有动力，也能让我们更快地实现财务目标。

一、设定可实现的财务目标

1. 在设定个人财务目标之前，我们需要先了解自己当前的财务状况，包括收入、支出、储蓄和投资情况。这有助于确定我们目前的情况，以及未来可能实现的目标。

2. 在设定目标时，我们需要确保目标是具体而明确的，而不是模糊的愿望。比如，目标不要只是"想要更多的钱"，而是要设定明确的数额和时间，"在一年内增加三万元存款"。如果对钱的用途有具体的规划，可以更具体一些，"存两万元购买一台新机器"。

3. 如果暂时没想好具体目标，可以仔细思考自己的兴趣、价值观、技能和激情。了解自己真正喜欢的事物，以及愿意为之付出努力的领域。如果还是想不到，可以先设定一些短期目标，比如"一个月内，赚 500 元吃大餐"；也可以设置一笔准备金，用这笔钱去尝试新的活动、技能或领域。通过体验，我们会更容易找到那个能激发热情的领域。

4. 对于比较大的目标，我们可以将其拆解为小目标。比如，"在一年内增加三万元存款"的时间周期是一年，是比较长远的目标。我们可以将其拆解为"每个月增加 2500 元存款"，甚至进一步拆解为"每周增加 577 元存款""每天增加 82 元存款"等。

值得注意的是，目标并不是越细越好，具体如何拆分需要根据自己的情况来定。比如，如果是每个月能收到一笔或几笔钱，那直接存 2500 元是比较方便的；而如果是每天都能收到一笔钱，那按日存钱会更容易。

5. 细分目标设定好后，我们还需要提前考虑好意外情况，并设定好补救措施。比如，如果某段时间收入锐减，或者有意外情况增加了开支，无法完成储蓄计划，我们可以先想想，到时候是减少其他支出，还是想办法赚到更多的钱补充进这笔储蓄。最好不要放弃补充，因为放弃一次就可能有第二次、第三次，最后可能就不了了之。

我们设定的财务目标不是越大越好，也不是预算越低越好。归根结底，我们存钱是为了有更美好的生活，如果我们要用健康换取收入增加，或者要用损害健康的方式节省开支，那就得不偿失了。我们设定的目标不一定是要有建设性的，也可以是娱乐开支。只要规划得当，不损害我们长期的健康生活，适当消费可以提升我们的满足感，我们也更容易持续储蓄。

我们可以同时设定几个目标，分别为之储蓄。当我们同时有几个目标时，目标可以有主次之分，储蓄时有所偏重。主要目标最好与我们长远的规划有关，其他目标可以根据个人兴趣调整。

Tina 是一位英语教培机构的老师,她的目标是攒钱去国外留学、购置一套属于自己的小房子,同时也想要去体会莫斯科的风情。为了实现这些目标,她展开了详细而实际的财务规划。

Tina 先确定了自己的主次目标。她将攒钱去国外留学放在首位,因为她坚信这是一个可以提高自己职业水平和丰富人生阅历的重要机会。其次是购房,她渴望拥有一个安定的家。最后是莫斯科之旅,作为一个个人兴趣和文化探索的项目。

为了更具体地制定财务规划,Tina 收集了相关资料,并预估了每个目标所需的资金和时间。

她咨询了留学中介,了解了去不同国家留学的费用,包括学费、生活费、保险等。对于费用太高的国家和学校,她首先做了排除,因为那超出了她个人的能力。对于非英语国家,她也暂时排除,因为她目前没有时间学习另一门外语。最后她将目光放在了费用相对合理、学校教育质量较高的国家,并预估了能保障学习和生活的最低花费。

她还详细了解了本地房市的行情,挑中了一套虽然有位置偏远、停车不方便等缺点,但其他方面,尤其是价格方面符合自己要求的房子。她估算了购买这样一套房子所需的首付和贷款额度。

对于莫斯科之旅,她详细了解了往返车票、住宿、交通和食物等开支。

都了解清楚后,Tina 着手制定每月的预算。她列出了自己的薪水、生活费、房租、水电费等各项支出,又为这三项目标设定了每月的储蓄目标。

买房这一目标的时间可以拉长一些，每月为之储蓄的钱不算很多。去莫斯科旅游本身花费不算很高，不过计划周期短，因此还是需要每月存几百元钱。去留学是她的主要目标，需要的钱最多，计划时间也只有三年，因此大部分钱都是为了这一目标储蓄的。

Tina给自己规划的时间较短，为了实现这些目标，她需要增加收入，并在日常生活中精打细算，如自己做饭、少吃外卖、控制娱乐开支等。

为了做区分，Tina将这三笔钱存在了不同的银行定存、货币基金里。这不仅方便她管理储蓄，还可以为她带来一份稳健的收益。

在整个过程中，Tina保持了对目标的高度敏感性。她很关注自己的储蓄进度，对每一笔开支都谨慎对待。如果有额外的支出，她会在其他方面进行调整，确保财务计划不受干扰。

二、让目标更容易实现

1. 对一些人来说，将目标郑重地写在纸上，会比只在脑子里想象更容易实现。因为通过书写，他们会更容易认识到目标的重要性，而书写本身会形成一种承诺。我们在设定目标的时候也可以尝试一下，毕竟这很简单，不是吗？

2. 把目标的照片或描述贴在显眼的位置，比如墙上或办公桌上。这样做的目的是通过视觉方式不断提醒自己，激发对目标的关注和动力。这个方法也值得借鉴，不过如果贴的时间比较长，习以为常，最后可能会"视而不见"，因此最好能定期更换照片，或根据当前的情况重新写一遍描述。这有助于保持新鲜感，在定期回顾的过程中，我们也会一遍遍提醒自己，激发持续努力的动力。

3. 随着时间流逝，我们的收入、经验可能会有所变化，因此我们需要定期回顾、评估进展，根据实际情况调整目标和预算。

4. 学习那些在财务方面取得成功的人的故事，看看他们是如何设定和实现自己的财务目标的，可以给我们更多灵感。

5.2 了解相关税务与法律事项

了解相关的税务与法律事项不仅有助于避免潜在的法律风险，还能够最大限度地优化我们的财务状况。

一、明确自己的法律身份

我们首先需要明确自己的法律身份。我们是选择以个体经营的形式经营，还是成立一个独立的公司？这将直接影响到我们的税收义务和法律责任。

（一）明确个体经营税收义务

在不同的法律身份下，税收义务会有所不同。在个体经营的形式下，创业者需要了解以下主要税收义务。

1. 个人所得税：个体经营者应该缴纳个人所得税，该税种的计算基础是净利润。净利润是总收入减去相关业务成本、费用、折旧等支出后的余额。个体经营者需要在规定的时间内报告并缴纳个人所得税。

2. 增值税：如果个体经营的业务涉及销售商品或提供服务，可能需要注册并缴纳增值税。增值税是根据销售商品或服务的金额计算的一种消费税。在特定的销售额范围内，个体经营者可能需要向税务部门报告并缴纳增值税。

3. 营业税：有些地区或行业可能会对个体经营者征收营业税。营业税是一种根据营业收入计算的税收，但不同地区和行业的税率和征收方式可能有所不同。

4. 城市维护建设税和教育费附加：一些地区可能对城市维护建设税和教育费附加进行征收。这两项税费通常是根据销售额或税务主体的类型计算的。

5. 地方各项基金：一些地区可能会对个体经营者征收一些地方性的基金，这些基金通常用于特定地方性项目或服务。

为了遵守税收法规并确保税务合规，个体经营者应该密切关注当地税收政策和规定。此外，建议个体经营者咨询专业的会计师或税务顾问，确保对自己的税收义务有清晰的了解，并按时履行相关义务，避免可能的罚款和法律问题。

（二）明确公司税收义务

成立公司涉及更为复杂的税务义务，因为公司是一个独立的法律实体。公司的主要税收义务包括企业所得税、增值税、营业税、城市维护建设税和教育费附加、土地使用税、印花税、房产税、进出口关税、税务申报和报告等。为了确保公司遵守税收法规，建议雇用专业的会计团队或税务顾问，他们可以提供有关税收义务的准确信息，并协助公司按时履行相关义务。

二、明确知识产权保护相关法律

与知识产权相关的法律我们也需要了解。

1. 要避免侵犯他人的著作权，确保我们的副业名称、标志或产品不会侵犯他人的商标权，确保我们使用的文字、图片、音频或视频等内容是合法的。

2. 对于自己创作的作品，要注意保护自己的著作权。在创作完成后，尽可能明确记录下创作的时间，并保存所有与创作过程相关的草稿、笔记和记录。这可以作为证据，证明我们是先于他人创作，且作品具有独创性。如果需要的话，可以登记注册或申请专利。

3. 如果是与他人合作创作，要在合同中明确双方的著作权归属和使用权限。合同是对双方的法律约束，可以有效保护我们的权益。

4. 我们可以定期监控互联网和其他媒体，查找是否有人未经授权使用我们的作品。在涉及重要作品或存在侵权争议时，可以及时咨询专业的法律顾问。

三、明确合作双方权利义务的合同法规

在副业经营中，各类合同必不可少。《合同法》《劳动合同法》等相关的法规是至关重要的。在与合作伙伴或客户签署各类合同时，要仔细考虑和理解合同的各项条款。

1. 合同应明确双方的权利和义务，清晰阐述合同的目的、服务或商品的交付条件等。确保合同内容能够准确反映双方意愿。

2. 合同中要包含解约和违约的条款，明确双方在合同期间或发生违约时的权利和责任，防范可能的争议和法律纠纷。

3. 要确保合同的内容符合当地和行业的法律法规，防止合同条款违反法律规定。

4. 如果合同涉及敏感信息或商业机密，要确保有明确的隐私和保密条款，规定信息的使用和保护措施。

5. 如果合同涉及知识产权，如专利、商标、著作权等，要在合同中明确相关权利的归属和使用范围。

在签署合同时，如果遇到不确定的条款或法律疑虑，建议咨询专业法律顾问的意见。签署前要确保自己对合同内容有充分的了解，确保自己的权益得到充分保护。

Ethan 平时喜欢做手工，所以在打算做副业时，他决定销售自己设计的手工艺品。

他在电商平台开了一个小店，将自己平时做的手绘画、手工首饰以及装饰品等都拍照上传，还写了每一件作品的创作思路和过程。每一件作品都蕴含着他的心血和创意，所以他由衷希望购买的人能珍惜这些物品。

Ethan 在社交媒体上进行了积极宣传。由于这些手工艺品制作精美，很快吸引到了一些顾客。

正当 Ethan 沉浸在副业的成功中时，一个意外的插曲使他吓了一跳——一位购买了他手工艺品的顾客指出其中某些设计元素侵犯了他人的知识产权。

原来，Ethan 在设计中使用了一些未经授权的图案，而他并没有考虑到知识产权的问题。

该知识产权的所有者也看到了 Ethan 的作品，他们不仅要求 Ethan 停止使用侵权设计，还要求他支付昂贵的赔偿金。

Ethan 陷入了困境，他感到自己对法律法规的无知变成了一场噩梦。

而噩梦还未结束。他又收到了一封律师函。他在上传图片到电商平台时，为了使页面更美观，他使用了一些花体字。做宝贝详情介绍时，他又觉得网页自带的字体不够美观，于是自己重新制作了简介页面上传。在这些页面中，他使用了多种字体。他不知道，这些字体应用在电商平台上是需要付费的。

Ethan 看着推出这些字体的公司发来的律师函，脑袋发蒙。他从来不知道，使用这些字体还要给钱，没人告诉过他呀！

这一连串的法律问题让 Ethan 痛苦不已。他花费了大量时间与精力解决侵权问题，甚至不得不寻求法律援助。

四、明确所在行业和消费者权益保护相关法规

1. 不同的行业有不同的许可和资格要求，我们要确保自己了解并取得所需的许可，以免遭到法律制裁。比如，医疗、金融、食品等行业均涉及不同的法规要求。有些行业要求个体或企业在从事相关业务之前获得专业资格证书、执照或行业认证等。

2. 在日常消费中，我们是消费者，而在从事副业的过程中，我们变成了商家的角色。此时，我们要换位思考，避免侵犯消费者的权益。

3. 我们要提供安全、合格的产品，不要贪便宜，明知不合格还采购销售。消费者在购买商品后通常享有一定期限内的退货和退款权利，我们要

考虑到这方面的成本，单方面拒绝消费者退货会引起麻烦。维修和保修服务也需要遵守相关法律，不要逃避责任。

4. 在进行宣传的时候，要避免虚假宣传和误导性广告，提供真实、清晰的价格信息，不欺骗消费者。

5. 在收集和使用消费者信息时要遵守相关规定，确保不侵犯隐私权。

在追求副业梦想的同时，不要怕麻烦，多了解相关法律事项，不要等到出事了才后悔莫及。

5.3

风险评估与保障措施的规划和实施

对副业进行风险评估,并制定一些保障措施是确保副业稳健进行的重要步骤。

一、风险评估

(一)掌握市场趋势

对当前行业的市场趋势进行了解和预估是风险评估的基础。

1. 我们可以自己观察市面上的情况,做大致的判断。比如,在一定范围内,有几家类似的店铺,它们的经营情况如何等。另外,我们还可以利用互联网进行在线研究,查找行业新闻、论坛讨论和社交媒体上的讨论。

2. 如果是新兴产业,或者希望进行更专业、深入的了解,可以通过阅读与行业相关的专业期刊和杂志,关注行业内的新闻、评论和专题文章等方式。

3. 加入相关行业的协会或组织，参与会议、研讨会和行业活动也是了解行业趋势和动态的良好途径。在参与这些活动的同时，我们还能与行业内的专业人士建立联系，为以后的合作打下基础。

4. 分析主要竞争对手的战略和业务动向，了解他们的新产品、新服务以及市场定位的变化，也有助于我们了解行业的走向。如果竞争对手开始转型，或者拓展了更多新业务，将原来的业务降到次要地位，那么可能意味着原来的业务不太赚钱，行业开始走向衰落。

5. 收集和分析客户的反馈和意见，了解客户对产品或服务的需求变化，以及他们对市场趋势的看法，也能帮助我们了解行业趋势。

6. 了解与行业相关的宏观经济指标，如GDP增长率、消费者支出水平等，也可以从侧面预估风险。当经济衰退，人们不敢消费的时候，副业风险肯定会有所增加。

（二）对副业进行财务分析

对副业进行财务分析也是有必要的。我们要仔细了解成本结构、收入来源和盈利模式。评估现金流、偿债能力和盈利水平，以确保副业在财务上具备稳定性。

（三）对供应链进行分析

如果副业需要采购原材料，那我们要对副业的供应链进行评估，了解关键原材料的稳定性和可获得性。同时，我们还要评估生产环节中可能出现的问题，如生产能力、质量控制等。

（四）对技术和创新进行评估

对副业所依赖的技术和创新进行评估，了解其可持续性和未来发展方向也是有必要的。技术变革可能影响副业的竞争情况。

（五）考虑不可控因素影响

在某些情况下，考虑自然灾害、政治动荡等不可控因素对副业的影响，制定相应的风险应对计划也是有必要的。

（六）了解相关法律法规

我们要了解副业所在地的法规和法律要求，确保副业的经营活动是合法的。违法经营会导致重大法律责任和经济损失。

在全面、系统地了解副业面临的风险后，我们可以结合自身情况对这些要素进行SWOT分析。

二、系统性优劣评估

SWOT分析是一种系统性的方法，用于评估一个项目、业务或个人的内部和外部因素，以协助进行决策。SWOT是缩写，主要包括四个层面：优势（Strengths）、劣势（Weaknesses）、机会（Opportunities）和威胁（Threats）。

（一）优势（Strengths）

1. 我们的强项和优势，比如专业技能、独特的产品或服务。

2. 资源方面的优势，比如财力、人力、技术和设备。

3. 与竞争对手相比，我们拥有的优势，比如市场份额多、品牌声誉好。

（二）劣势（Weaknesses）

1. 我们的劣势和不足，比如缺乏经验、管理方面有问题、财务限制或技术落后。

2. 资源方面的不足，比如预算有限、人员短缺等。

3. 与竞争对手相比，我们的劣势，比如市场份额较小或声誉不佳。

（三）机会（Opportunities）

1. 外部环境中可以利用的有利条件，比如市场需求的增长、新技术的出现等。

2. 市场的发展趋势，比如新兴市场或消费者行为的变化。

3. 合作和扩张的机会，比如可能的合作伙伴。

（四）威胁（Threats）

1. 外部环境中可能对业务构成威胁的因素，比如竞争加剧、行业法规发生变化等。

2. 行业的不利趋势，比如经济衰退、原材料涨价等。

3. 潜在竞争对手的威胁，包括新进入市场的竞争者。

在做 SWOT 分析时，我们不要凭想象猜测，要尽量客观和实事求是地进行分析。可以将你对副业的 SWOT 分析填在表 5-1，这能帮助你更清晰地了解副业的潜在风险和机遇。

表5-1　对副业的 SWOT 分析

项　目	副业分析
优势（Strengths）	你的强项和优势： 资源优势： 竞争优势：
劣势（Weaknesses）	你的劣势和不足： 资源劣势： 竞争劣势：
机会（Opportunities）	外部环境中的机会： 市场发展趋势： 合作和扩张机会：
威胁（Threats）	外部环境中的威胁： 行业的不利趋势： 潜在竞争对手的威胁：

Andrew 是一位程序员，在某 IT 公司工作。由于担心以后失业，所以他计划开设一家面向初学者的编程学校。

由于担心其中的风险，因此他决定在迈出这一步之前进行风险评估。Andrew 知道，他需要先了解市场需求，因此他做了市场调研，与潜在学员交流，了解他们的需求和期望。通过在线问卷、面对面的访谈，他逐渐勾勒出目标受众的轮廓。

Andrew 还对自己的创业计划进行了 SWOT 分析。他明确了几个关键因素，打算在此基础上做决策。

优势：他在 IT 领域有丰富的经验，可以提供实际应用的指导；他有一笔积蓄，可以支付前期的房租、设备等投资；有几个志同道合的朋友，愿意支持他，和他一起办学。

劣势：编程教育市场竞争激烈，初创公司在宣传和品牌知名度方面有不足。

机会：市场上存在初学者的学习需求，Andrew 的专业知识可以填补这一空白；当地有许多社区资源可供合作。

威胁：大型在线学习平台的竞争；不确定的经济发展状况可能会对学员招募产生负面影响。

做完风险评估后，Andrew 开始制定财务规划。他明确了启动阶段的初始投资，包括租赁场地、购买设备和制订宣传计划。同时，他考虑了初期可能面临的亏损，制订了长期的资金筹备计划。

三、制定保障措施

在对风险有大致了解后,如果依然决定进行副业,就有必要了解一些保障措施。

1. 在合作前,我们要与合作伙伴、客户、员工签订明确的合同和协议,明确权责和经济条款,这有助于在发生争议时维护自身权益。

2. 如果副业规模较大,或者需要雇用他人,可以考虑购买不同类型的保险,如财产险、责任险、雇主责任险等。保险能够在不可预测的事件发生时提供经济支持。

3. 如果副业存在法律风险,那就要与专业律师合作,确保副业的经营活动符合当地法规和法律要求。合规有助于降低产生法律纠纷和罚款的风险。

4. 在某些情况下,制订紧急应急计划,明确突发状况下的应对措施也是有必要的。这可能包括人员疏散、数据备份、业务维持等。

5. 如果可能,将供应链多元化,避免过度依赖单一供应商或渠道,以减轻由供应链问题带来的经营风险。

6. 对于依赖网络的副业,要加强网络安全措施,防范数据泄露和网络攻击的风险。

制定好措施后,也不是一劳永逸的,要定期审查副业的管理措施风险,根据市场和内外部变化进行及时调整。

Part 6

副业成功的秘诀

¥ 6.1

时间管理技巧与优先级排序

时间，对每个人来说都是有限的资源。在从事副业的时候，学会将任务进行优先级排序可以帮我们更好地管理时间。

一、设定计划

在进行时间管理之前，我们有必要先设定每天、每周或每月的计划，明确要完成的任务和目标。如果不做好规划，我们可能需要临时抉择，或者遗漏需要做的事情。

很多人提前搭配好一周的衣服也是出于类似的道理。这样做不但能节省选择衣服的时间，也能避免在仓促间穿了不合适的衣服。当然，对于时间很珍贵的人，请人帮忙搭配好也是一个选择。对于不注重穿着的人来说，买几套一模一样的衣服也能节省考虑穿搭的时间。

二、给任务分类分级

我们每天需要做的事情有很多,但精力却有限,将任务按照"时间管理矩阵"进行分类可以帮我们更好地管理任务和时间。

按照时间管理矩阵,任务可以分为四个类别:紧急且重要、重要但不紧急、紧急但不重要、不紧急也不重要。

1. 紧急且重要的任务(立即处理):是需要立即处理的事项,涉及截止日期、客户需求或其他紧迫的问题。

2. 重要但不紧急的任务(计划合适的时间来处理):这些任务可能是长期目标的一部分,需要提前规划和逐步完成,分阶段处理,确保它们在截止日期之前完成。

3. 紧急但不重要的任务(考虑委托他人或尽量缩短处理时间):尽量避免过度关注那些紧急但对整体目标贡献较小的任务。这可能包括一些突发的请求或不太重要的会议。这类任务的干扰性很强,尤其是合作伙伴喜欢催促的情况下。请注意区分,不要投入过多的时间和精力。

4. 不紧急也不重要的任务(可以暂时搁置或彻底忽略):这类任务可能是一些琐碎的事务,不急于处理也不会对长远目标有太大影响。尽量将它们放在其他事项处理完毕之后。

当然,随着工作环境和目标的变化,任务的优先级可能会有所变化,所以我们需要灵活调整,随时适应变化。

为了方便管理任务,可以制作任务列表,将任务按照优先级排序。之后还可以制作待办清单,列出当天或当周需要完成的任务。这能帮我们清晰地了解任务,避免遗漏。这些时间管理软件,我们可以灵活运用,借助这些工具跟踪和安排任务。

Nina 的一天总是过得飞快，早上匆匆赶到公司，白天被项目的各种需求、会议和紧急问题填满。到了晚上，她会做 cosplay 服装，这既是她的兴趣爱好，也是她的副业。

她热爱 cosplay 文化，会在社交媒体上发布自己制作的衣服，赢得了许多同好的赞誉，也有不少人请她制作。然而，如果想要做出高品质的 cosplay 服装，是需要很多时间和精力的。她接了不少订单，但常常无法按与客户约定的时间发货。

Nina 想，她需要更加聪明地安排时间。她将自己每天要做的事情划分了优先级，将不太重要的事情交给其他人处理，比如整理家务、打扫卫生、做饭等，她都找了钟点工。对于领导安排的工作，如果她觉得不是很有价值，就委婉拒绝，转而争取其他更有利于她职业发展的工作。

她还将 cosplay 服定制副业分成了不同的子任务，包括设计、打版、采购面料和辅料、剪裁、缝制等。

在这些任务中，她认为设计和打版是需要花费很多心血的，需要她精心雕琢，而且是后期工作安排的基础，既重要又紧急。

面料采购也很重要，但相对不是很紧急，可以多构思几种设计，一起批量采购。

剪裁和缝制是相对不那么重要的任务，可以外包给其他裁缝。如果是很受欢迎的款式，还可以联系工厂定制，他们的缝制效率肯定比她自己踩缝纫机快多了，而且工厂有经验丰富的老师傅，缝制技术也比她好许多。

这种外包制作通常是数量越多价格越低，因此 Nina 觉得还需要吸引更多的潜在客户。为了更好地推广 cosplay 服定制业务，Nina 给自己安排了一些不紧急但重要的任务，比如更新社交媒体、参与相关活动等。

通过巧妙的时间管理和任务优先级排序，Nina 成功地在公司项目和 cosplay 服定制之间找到了平衡。由于设计精美、制作讲究、交货准时，她的 cosplay 服定制工作室吸引了越来越多的顾客。

三、寻求有效时间管理办法

1. 很多人之所以感到时间不够用，是因为有拖延症。不管时间放到多宽，总是在最后几天才匆匆去做。为了更好地管理时间和任务，我们最好为每个任务设定明确的截止日期。截止日期可以帮助我们判断任务的紧急性，更好地制定优先级。距离截止日期更近的任务通常具有更高的紧急性，我们会更有动力去完成。

2. 对于不喜欢的任务，可以采取分解成小目标的策略。每个小目标最好都是可以在较短时间内完成的，这样可以使任务看起来更加可行，减少压力感。

3. 在工作时，可以使用番茄工作法，也就是工作 25 分钟后，休息 5 分钟，然后再继续工作。这不但可以提高工作效率，让任务看起来更易管理，而且也有利于身体健康。

4. 管理任务固然重要，但懂得拒绝也很重要。不要过度承担任务，保持适度的工作负担，以确保每个任务都能得到充分的关注。

5. 在工作之余，也要注意休息。这不是浪费时间，在疲劳的状态下工作不但容易出错而且效率低下。

总之，通过合理运用时间管理技巧和优先级排序方法，我们可以更有效地安排副业，提高工作效率，实现事半功倍的效果。

6.2 设立高效能的工作空间

工作空间指的是我们工作或执行任务的特定区域或环境。这个区域可以是实体的，比如办公室、书房、工作室、工作台等，也可以是虚拟的，比如电脑上的桌面、远程工作的网络环境等。

一、个性工作空间打造

一个良好的工作空间应该能够满足工作的需求，并提供舒适、有序、高效的环境，以促进工作的进行。工作空间的设计可以包括物理空间的布局、家具的选择、光线的利用等方面，也可以包括数字空间的组织和配置。

（一）工作区域选择

从事不同的职业的人和工作方式不同的人，对于工作空间的需求也会有所不同。比如，一位程序员可能需要一张安静、设备齐全的办公桌，而一名艺术家可能更喜欢在宽敞的工作室中创作。

在布置工作空间时，我们可以根据个人喜好和工作性质进行调整，不过一些可以帮助提高工作空间舒适度和效率的方法也可以借鉴。

在从事副业时，我们可能没有专门的工作区域，不过我们还是能在家里划分出专门的工作区域，或在附近的咖啡馆、共享办公室等地方找到比较固定的位置。这种清晰的工作边界可以帮助我们集中注意力，提高工作效率。

（二）办公桌椅选择

如果可以的话，尽量选择符合人体工学的家具和办公用品。这类物品可以帮我们减轻身体负担，提高舒适度和工作效率。

1. 办公桌的高度应该使我们的手、腕和前臂保持自然伸展，形成90°的角度。

2. 在试坐椅子时，要确保腰椎得到足够支撑，背部可以靠在椅背上，当双脚平放在地面上时，膝盖与大腿应呈90°角。如果不方便在实体店试坐，最好选择能够调节高度和倾斜度的椅子，这类椅子能更好地适应不同身高和需求。

（三）工作电脑选择

现在许多副业都与电脑相关，长时间面对电脑屏幕时，要注意显示器的高度，使自己能够自然地保持头部和颈部的直立姿势，不用过度仰头或低头。可以尽量使屏幕的中部位于我们眼睛视线的水平线上，以便在不过多上下移动头部的情况下看到整个屏幕。

键盘和鼠标的位置应该使手腕保持自然伸展，不过于弯曲或过度伸展。手肘也应该保持在舒适的角度。

（四）储物空间设置

整洁有序的工作空间也有助于提高工作效率。我们应该学着合理利用储物空间，将文件、工具等物品分类整理，这样可以更容易找到需要的文件、文具和工具，减少在杂乱中寻找的时间，从而提高工作效率。

（五）办公灯光选择

合适的灯光也是需要特别注意的。要确保工作区域有足够的照明，避免过暗或过亮的光线，以减少眼睛疲劳。如果可能，将工作空间布置在靠近窗户的位置，以引入更多自然光。但是过亮的阳光反射也会给眼睛造成负担，需要注意避免。

（六）个性化小装饰选择

可以在工作区域摆放一些绿植，提高空气质量，创造舒适的工作氛围。也可以在工作空间加入一些个性化的装饰，如艺术品、照片或激励性的标语，提升工作动力和愉悦感。

Michael 是一名市场营销专员，为了获得更多的收入，他决定开始一项副业——网络营销。

一开始，Michael 并没有为自己设定专门的工作空间，而是在客厅的角落或者餐桌上进行工作。他家里的桌椅高度跟他的身高不是很适配，加上笔记本电脑只是放在桌子上，高度不是很合适，所以他在家工作一两个小时就觉得很不舒服。不过他想着在家工作时间短，凑合一下就算了。

随着项目的增多，他需要在家处理的工作越来越多，他开始觉得手腕疼、颈椎不舒服。他越来越觉得合适的工作空间非常重要。在收到一笔客户支付的款项后，他下定决心对工作环境进行一次全面的提升。

Michael 将客厅靠阳台的区域划为专门的工作空间，并购置了一张宽敞的工作桌。这张桌子不仅有足够的空间容纳电脑和文件，而且可以调节高度，让他能够轻松保持舒适的工作姿势。此外，久坐后可以升高桌面，采用站立的姿势办公。

他还购置了一把符合人体工学的椅子。通过调节椅子的高度和靠背，他能够在长时间的工作中保持良好的坐姿，减轻背部和颈部的疲劳感。

为了更好地管理文件和工作用具，Michael购买了一个带有抽屉的文件柜，将文件分类整理，让工作桌面保持整洁有序。

另外，他还购买了一台高分辨率的显示器，并用闲置的包装盒将其垫到合适的高度。这大大减少了他眼睛和颈部的不适。

为了改善工作环境，Michael还摆放了几盆漂亮的绿植。他会在工作一段时间，起身休息时照看这些植物。这有助于他放空大脑，减轻压力。

改造完成后，Michael发现他的副业工作效率大幅提高。他不再因为翻找文件浪费时间，不再因为不适合的桌椅感到疲劳，能更加专注和有条不紊地进行工作。这些细致的改变不仅提高了他的副业产出，也为他的生活注入了更多的活力。

二、打造客户认可的工作空间

如果客户会看到或进入我们的工作空间，在布置时考虑他们的偏好风格有助于提升我们的专业形象，获得良好的第一印象。

1. 在开始布置工作空间之前，可以进行一些市场调查，了解目标客户偏好的颜色、材质、装饰风格等。

2. 不同行业的客户可能喜欢不同的装饰风格，比如科技行业的客户可能偏向现代、简约的风格，而创意行业的客户可能更喜欢独特、个性化的设计。可以在工作空间中加入一些能够吸引目标客户的个性化装饰，比如符合行业特点的艺术品、行业奖项、行业独有的工具等。

3. 如果我们有品牌元素，如标志、口号等，可以巧妙地融入工作空间的设计中，让客户对品牌有更深的印象。

4. 如果涉及跨文化或国际业务，可能需要考虑不同文化对颜色、符号和装饰的不同理解，避免工作空间中使用的元素引起误解或不适。

总之，我们要确保工作空间的布局和装饰能够传递出专业、可靠的形象，给客户留下良好的印象。

6.3

成功副业者的共同特质：自信和善于学习

越来越多的人选择通过副业来增加收入，或者希望借此实现自己的创业梦想。然而，并不是所有做副业的人都能取得成功。那些成功的副业者大都具备两种特质：自信和善于学习。

一、培养自信心

在经营副业的过程中，我们会遇到各种问题，而自信心能够激发我们克服困难的勇气。另外，选择副业时也需要坚定的自信心，相信自己的能力和潜力。

培养自信需要一些时间和过程。从经营副业角度，培养自信心可以从以下几个方面入手。

（一）设定小目标并逐步实现

设定一个大目标，然后将大目标分解成小而具体的任务，并逐步完成。

每个小目标的成功都是对自己的一次肯定，有助于建立积极的自我认知。小胜利的体验和积累，帮助我们逐渐建立自信。

从发展副业方面看，我们可以先做一些相对简单、报酬不高的副业，利用不断积累的成功提升自信。

此外，我们还可以在社交媒体上展示自己的专业知识和独特技能，分享自己的学习心得、行业见解，逐渐建立在特定领域的专业声望。

这种展示需要我们付出一定时间和精力撰稿、拍摄、剪辑等，可以让我们更善于总结、提炼工作重点，也能培养我们写作、拍摄、配乐等方面的能力。掌握的技能多了后，我们会更自信，能接的副业也会更多。

在这个过程中，我们可以把完成一篇文章、一个视频当作一个小目标，也可以把增加 1 个粉丝、10 个点击等当作一个小目标。随着浏览量和粉丝数量增加，我们也会渐渐拥有自信。除此之外，这样的展示还有助于吸引潜在客户，带来合作机会。

（二）正面思考与自我肯定

学会正面思考对培养自信心和发展副业至关重要。面对副业机会，有些人总觉得自己做不好，有的人则是失败过一次后就不愿意再尝试，对自己的能力产生怀疑。

我们要不断鼓励自己，情况还不算太糟，就算失败也没什么，起码增加了经验。正如一些网友认为的：对方既然敢让我做这件事，那就是觉得我能做好；就算做不好，天也塌不下来。

每个人都会有失败的时候，重要的是不沉湎于失败，而是想办法从失败中学习。看待问题时多正面思考，多给自己一些积极的肯定，强化自己的信念，可以让我们在心态上更健康和从容，也更容易在开展副业时获得成功。

（三）接受不完美

没有人是完美的，我们的工作也很难达到完美。在经营副业时，有些人总希望做到完美，让客户满意，稍有失误或不完美的地方就懊恼自责；有些人总觉得自己做不好，所以畏畏缩缩不敢尝试；有些人不断调整产品，希望能达到完美状态，结果付出了过多精力和时间，获得的收益却不高……

我们要学会接受缺点和不足，不必苛求完美。即使我们不完美，我们也可以自信。毕竟，我们还可以不断成长和学习。

（四）提升自身形象与仪态

我们不提倡过于关注外表，但整洁的衣着、良好的仪态会在无形中提升我们的自我认知。而好的外在形象与自信的微笑也能让他人对我们产生好印象，对我们释放更多的善意。我们感受到他人的善意后也会更自信。

再强调一下，不要过于关注外表。整洁、大方、健康即可，不要把大量时间、精力和金钱花在外表上，除非你可以通过修饰外表获得收入，例如美妆博主、穿搭顾问等。

（五）运动与健康生活方式

运动的好处有很多，不但有利于身体健康，而且也有利于心理健康。运动有助于释放身体内的多巴胺和内啡肽等神经递质，提高情绪，减轻焦虑和抑郁症状。

健康的生活方式，包括均衡的饮食和足够的休息，会直接影响我们的身体状态。当我们感到自己的身体状态良好时，会更容易对自己产生积极的认知，从而提高自信心。

另外，通过达到运动目标和提升体能水平，我们也会更自信和满足。如果没有运动习惯，生活方式也不健康，不妨先从每天散步20分钟、一星期不吃油炸食品、晚上11点之前睡觉等小目标开始，逐步升级。在改变的过程中，我们也可以培养自己的毅力和决心，间接提升自信心。另外，我们还可以把自己改变的过程记录下来，发到社交媒体上。

二、善于学习

想要副业创业成功，就需要不断学习和适应市场变化。学习可以让我们更容易获取新知识，跟上行业趋势，从而更好地调整自己的副业创业策略。

这里说的学习，既包括在某个领域不断深入学习，也包括在多个领域广泛学习。

（一）设定明确的学习目标

有时候，我们需要激发自己对学习的热情。确定清晰、具体的学习目标，使自己更有动力去追求这些目标，是一个不错的激发学习热情的方法。我们需要确保目标是切实可行的，同时也要具有挑战性，以激发学习兴趣。

（二）采用多样的学习方式

多样的学习方式有助于保持新鲜感，提高学习的趣味性。为了保持学习热情，我们可以尝试不同的学习方式，比如阅读、听讲座、实践、小组讨论等。

（三）与他人分享学习经验

交流可以让学习过程更有趣，同时在交流过程中也能获得来自他人的反馈和建议。如果在线上社交媒体平台分享，还有可能获得关注，得到更多的副业机会。

（四）将学习融入日常工作

如果能将学到的知识应用到实际工作中，会更容易看到学习的实际价值，从而激发学习的兴趣。

（五）奖励自己

在制订学习计划时，可以设定一些阶段性的奖励机制。完成学习任务或达到一定学习目标时，给自己一些小奖励，有助于建立积极的学习反馈循环。

（六）寻找灵感和激励

如果暂时没有学习目标，可以通过阅读成功人士的故事、观看相关视频，或者关注行业前沿动态，来找到学习动力。

在经营副业的过程中，自信心和学习热情相辅相成。自信心可以为我们提供勇气和坚持，而学习热情可以为我们注入持续进步的动力。

6.4 自我评估与调整，提升成功概率

持续进行自我评估，及时总结经验教训，根据市场反馈调整策略，有助于提高副业的成功概率。

自我评估包括对自己的工作、策略和决策进行深入思考和评估。以下是一些详细的步骤和方法。

一、总结经验教训

在副业经营的过程中，总归有一些经验教训。定期进行经验总结，回顾过去的操作和决策，分析成功和失败的原因，可以帮助我们借鉴宝贵的经验，避免重复相同的错误。

总结可以定期进行，每周、每月、每季度或每年，这取决于副业的性质和经营节奏。定期进行总结有助于形成习惯，确保经验教训能够及时被记录和分析。

在总结时，需要回顾制订的经营计划、市场推广策略、产品或服务创新等方面的决策，并对其效果进行评估。了解哪些决策带来了成功，哪些导致了挫折，深入分析经验教训。

这里需要简单提一下归因方式。

归因方式是指我们对事件或结果所做的归因或解释方式。不同的归因方式会对总结副业成功和失败原因产生不同的影响。常见的归因方式有内部归因、外部归因等。

内部归因是将成功或失败归因于内部的因素，如能力、决策、执行等。这种方式强调主观能动性，有助于提高责任感和学习动机。这种归因方式可能使我们更倾向于主动学习和改进内部流程。

外部归因是将成功或失败归因于外部环境的因素，如市场状况、竞争环境等。这种方式强调外部环境的影响，会减轻我们的责任感。如果总是把失败归因于外部因素，可能会削弱我们主动学习和改进的动机。当然，适度的外部归因有助于我们更全面地掌握市场变化和行业趋势。

在总结副业成功和失败原因时，要客观分析，不要成功时觉得是自己能力强，失败时觉得都是别人的错，或者自己运气差。全面、客观地分析副业经营的情况，才能使副业获得更好的发展。

二、记录关键业绩指标

关键业绩指标包括销售额、客户满意度、市场份额等。记录这些指标的变化，可以使我们对副业的经营状况有更客观、全面的了解。

关键业绩指标应该是具体且可量化的，以便我们准确衡量业务绩效。比如，可以将销售目标量化为具体的销售额，将客户满意度量化为具体的调查得分。

在进行评估时，可以根据历史数据、行业平均水平等设立参照点，用于比较和评估实际绩效。同时，我们可以为每个关键业绩指标设定可达到的目标。这些目标应该既具有挑战性，又是可实现的，以激发我们自己或团队的积极性。

如果关键业绩指标未达到预期，可以根据数据制订具体的行动计划，包括调整营销策略、改进产品或服务质量、优化供应链等。

三、分享和团队讨论

将总结的经验教训分享给团队成员，与他们进行讨论，有助于形成共识和共同的理解。团队的反馈和建议可以为我们提供更多的视角和思考方向。如果没有一起合作的团队，可以跟朋友、家人讨论。每个人的思考方式不同，也许他们能从一些我们原本没想到的角度看待问题，帮我们制定更合理的经营策略。

四、寻求专业指导

术业有专攻，寻找行业专家或有经验的导师指导可以让我们少走弯路。这可以通过参加行业研讨会、网络社群、专业协会等途径实现。虚心向那些在我们所从事领域有着丰富经验和卓越成就的人请教，争取获得高质量的专业指导。

如果找到合适的专业人士，我们需要主动建立联系。可以通过发送邮件、参加活动、通过社交媒体平台发起联系等方式，表达自己的诚意，并请求一次面谈或咨询。在建立联系时，要明确自己的目的和期望。

在与专业人士交流时，要有明确的问题和需求。这样有助于更有效地获取专业指导。在描述问题后，可以提出自己设想的解决方案，以便专业人士更好地理解情况，我们也能根据对方的解决方案找出自己和对方的差距。

专业指导可能会指出一些我们存在的问题，有些可能会让我们感到不舒服。最好能对他们的建议持开放态度，不要着急反驳，有则改之，无则加勉。

如果初次交流取得了积极的效果，可以考虑与对方建立持续的合作关系。这可能包括定期的咨询会议、共同研究项目或导师制度等形式。通过建立良好的合作关系，我们将能够更好地应对未来的挑战。

Mia 看到小区门口一间店面贴着"旺铺招租"的广告，心里一动，觉得开一家便利店很不错。首先，她居住的小区附近房租不算很贵；其次，小区附近没有什么大超市，都是一些小店，而小区居民并不少，她的店应该可以维持经营；最后，她爸妈可以帮她看店，不需要再另外雇用员工，也不影响她正常上班。

经过一堆烦琐的前期准备，Mia 的便利店终于开起来了。然而，生意一般，利润连房租都覆盖不了。Mia 不得不开始反思，想要找到问题所在。

Mia 坐在收银台后面，仔细审视自己的便利店。看着看着，Mia 意识到店内的商品种类和陈列相对单一，缺乏吸引力。这是因为她最初想节省成本，不敢投资太多，所以只精挑细选了少量商品。她觉得，她还是应该扩大商品种类，引入更多独特的产品，同时重新规划商品陈列，提升顾客的购物体验。

Mia接着观察，发现店里的风格让人感觉不舒服。这倒不是说店里脏乱差，而是灯光、地板花纹等综合影响，让人感觉店里有些晦暗。为了改进这一点，她打算安装几排射灯，并提高店内的清洁标准，再摆放一些高大的绿植，让人忽略地板花纹的不美观。

在和父母一起工作的时候，Mia发现父亲很多东西都不懂，别人问某个东西有没有，他需要去查找，而且往往需要耽误不少时间才能找到或确定店里没有。有的客户等不及就直接走了，即使买到了，购物体验也明显不算好。为了解决这个问题，Mia决定帮父亲熟悉店内产品，和他一起调整进货、布置货架等。

另外，由于便利店位置比较偏，门面也不大，客流量本身就不算好。Mia觉得，自己应该想一些获得更多客流量的方法。她觉得可以做驿站，帮不方便收货的客户暂时保存快递；积极参与大平台的优惠活动，吸引顾客消费；推出一些低价引流产品……

为了更好地了解便利店行业，Mia还向一位开过几家小超市的老板请教。对方热心地分享了她的见解，包括库存管理、供应链优化等方面的秘诀。Mia从她的建议中获得了启示，明白了便利店经营中的一些关键因素。

通过自我评估，我们能够深入了解自己的优势、劣势和潜在的成长空间。这种认知的提高可以使我们更有针对性地调整策略，发挥优势、弥补劣势。

Part 7

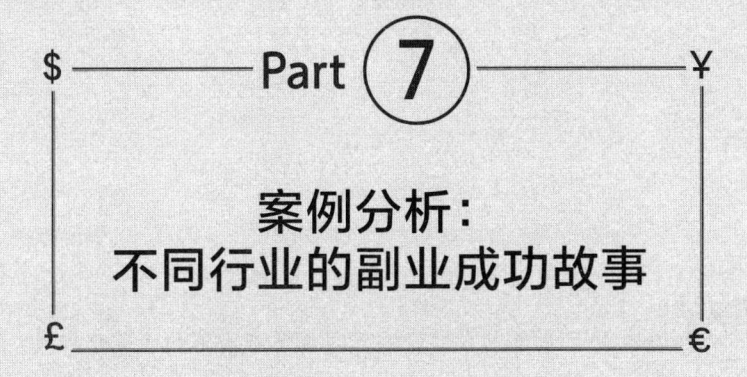

案例分析：
不同行业的副业成功故事

¥ 7.1

个人在线教育创业者的案例分析

　　Harper 的母亲喜爱古琴，闲暇时经常在自家的小院中弹奏古琴。Harper 从小听到这美妙的琴声，渐渐地对古琴产生了浓厚的兴趣，于是央求母亲教她弹奏。

　　就这样，Harper 开始了对古琴的学习之路，即使后来长大，开始工作，对古琴也始终保持热爱。

　　大学毕业后，Harper 曾尝试过各种不同的工作，但由于种种原因，都没有坚持下去。在又一次辞职后，Harper 不知未来该走向何方。她分析了自己的特长和兴趣，最后决定成为一名古琴培训班的老师。

　　由于 Harper 有多年的学习经验，古琴演奏水平较高，加上她性格温和、有耐心，因此学生大多比较认可她，也愿意推荐亲朋好友报班学习。

不过，由于Harper的学生大多是成年人，都有各自的学习和工作任务，因此工作日的白天，Harper基本没有教学课程安排。

为了获得更多的收入，也为了让更多人喜爱古琴，Harper决定将自己的古琴课程搬上互联网。她计划，如果有网友打算学习古琴，她可以开展线上教育。

Harper录制了自己的古琴教学视频，也录了一些演奏视频，渐渐获得了一些关注度。为了加强与粉丝的互动，并吸引更多人关注，Harper还通过在线直播的方式与网友沟通，分享琴艺心得，线上实时答疑。

渐渐地，有网友开始向她咨询线上教育方面的事情。

在开展线上古琴班之前，Harper先深入了解了教育领域的相关法规，以确保自己的副业经营是合法的、可持续的。她仔细研究了在线教育的法律要求，对使用的教材、视频、音频等可能涉及的版权、专利等知识产权进行了了解。对宣传规范和退费制度等方面，Harper也做了详细了解，在网站主页公示了退费政策和相关服务内容，承诺不满意可退款。

就这样，在合法合规的前提下，Harper正式开始了线上教育服务。

为了吸引更多学生，Harper不仅注重古琴课程内容的创意，还提供个性化服务。她通过深入了解每位学生的学琴目标和水平，调整古琴课程设置，为学生提供更加个性化的古琴教学体验。比如，对于想要快速学会某首曲子的学生，与想掌握专业古琴演奏技巧的学生，她会采取不同的教学方法。

在教学过程中，Harper发现学生在学琴过程中容易产生孤独感，有的学生很渴望和其他人交流。为了解决这个问题，Harper创建了线上学琴社区，鼓励大家通过网络讨论、交流和分享。她也会与学生保持互动，及时解答他们在学琴过程中的疑问。

Harper的古琴课程在学生中获得了高度评价，同时也在社交媒体上传播开来，为她的线上古琴平台带来了更多学员。

学生多了，Harper逐渐忙不过来，便辞去了线下培训班的工作，专心做自己的事业。与此同时，Harper发现很多学生对其他传统乐器也很感兴趣，也愿意报班学习。

为了拓展培训市场，Harper主动与其他培训老师合作，开展了更多线上乐器课程。

为了自己与其他人的权益，Harper进行了注册，获得了相关的营业执照。这不仅让她的业务更正规，为她的学生提供了更多的信心和保障，还能为自己和培训老师缴纳社保、公积金等。

Harper还积极了解当地税收法规，特别是关于在线教育和文化艺术行业的税收政策。她咨询了专业税务顾问，确保自己对税收义务有清晰的理解，对适用的税收减免和优惠政策也有明确认知。

Harper聘请了专业会计师协助她进行纳税申报工作。她会提前准备所有必要的财务文件和报表，并按照法规要求及时向税务机关报送相关信息。

在业务方面，Harper 通过参与音乐教育展会、推出线上古琴比赛等方式，进一步提高了在线乐器学习平台的知名度。

这些措施不仅为她的平台带来了更多学员，也增强了她在传统乐器教学领域的影响力。

在与其他老师合作的过程中，Harper 也难免会遇到不顺心的时候。不过她坚持求同存异、保持理性沟通，对事不对人。通过制定明确的合作协议、建立共赢的合作关系，她与多位培训老师建立了良好的合作关系。

老师们不断琢磨如何更好地传授古琴艺术，尝试新的教学方法。他们共同策划了传统乐器音乐会，邀请学生们展示成果。这种音乐会不仅是对学生们的鼓励，也是对传统音乐的推广，老师们在共同的梦想中找到了更多的动力。

在遇到难题时，Harper 也会积极想办法解决，与其他老师协商。每个月月底，她会和老师们一起总结、反思，力求不断完善乐器教学方法和服务。

通过 Harper 的案例，我们可以从中获得在教培领域从事副业的诸多启示。

1. 在不知道进行什么副业的时候，可以通过对自己的兴趣和特长进行分析，也可以像 Harper 一样，从自己的主业中延伸。她本身就是线下培训班的老师，在教学时录制视频也比较容易，不用抽时间专门录制，可以省下很多精力。

2. 录制演奏视频，开展直播等，对 Harper 来说也是相对简单的事情。

以自己擅长和热爱的事情为副业，不但可以节省精力，而且往往可以取得更好的效果。

3. 在开展副业时，找到合适的定位，并提供个性化服务也是很重要的。Harper 能深入了解学生的需求，为学生提供更加贴合他们需求的服务，也难怪可以赢得他们的认可。她创建的线上学琴社区，不仅增加了学员的参与感，也促进了学员之间的互动。这种良性的互动会使学生产生更深层次的情感，提升他们的忠诚度，使他们更愿意帮忙传播口碑。

4. Harper 主动与其他培训老师合作，开展更多线上乐器课程，不但进一步满足了学员的需求，扩大了业务范围，还使自己的教学品牌有了做大做强的基础。当副业发展到一定程度，与其他人共同合作会给我们带来更多的共赢机会。

5. 对副业可能涉及法律法规，我们有必要像 Harper 一样提前进行了解。遵守相关法律、依法纳税，是副业顺利发展的基础。

7.2 利用社交媒体垂直社区的成功案例

Noah 热爱时尚，上高中的时候就会买时尚杂志学习穿搭，后来工作了，手头宽裕了，更是热爱购买潮流商品。不过，由于家庭原因，Noah 没有学习与时尚相关的专业，毕业后也是在传统制造业工作，远离繁华的都市。这并不能阻止他对潮流的追逐，他加了一些买手的微信，请他们代购，也会在假期去一线城市亲自挑选。

父母都不理解 Noah，多次委婉或直率地批评他，但他认为，自己不抽烟、不喝酒、不打游戏、不钓鱼、不玩摄影，也没有其他花钱的爱好，就是喜欢买一点潮流物品，有什么错呢？如果连这一点爱好都被剥夺，他真不知道生活还有什么乐趣。

不过，随着年龄渐长，Noah也逐渐明白了手里有钱的重要性。以后老老小小都要靠他，他如果把钱都花了，需要用钱的时候能问谁要呢？那些潮流商品的价格相对较贵，尤其是一些国外的品牌，加上代购费、邮费，远超出普通商品的价格。以前Noah不攒钱的时候还没太觉得，现在再想买一千多元一条的围巾时，他就会多考虑一下了。可是，他真的喜欢那个设计。他也上网搜了别的围巾，普通围巾总是差点什么，怎么看都是那条最好。

他还是买了那条围巾。

过了几天，他觉得需要一顶帽子，又看中一顶七八百元的水手帽……

这样的次数多了，Noah不得不开始思索，怎样以更经济的方式购得心仪的潮品？

一天，Noah在社交媒体上发现了一个名为"潮购社"的社区，专注于潮流商品的团购服务。社区内的商品琳琅满目，很多都在Noah的审美点上，他看中了好多款式。不过，更令他感兴趣的是这里的团购机制。

这个社区的用户多是个人，看中某个款式后，想凑折扣优惠，以及海运优惠，就发帖组人，希望能以更优惠的价格买到。社区成员或关注该社区的用户对团购活动表示兴趣，就通过报名、留言或其他形式表达参与意愿，组织团购的人会发链接让他们先支付定金。等商品到货，组织者让参与团购的人支付尾款，然后分别包装，发快递。

Noah之前买过不少小众品牌，大多是销量低、单价高的商品，而且国内很难买到。如果他能召集一批人组团购买，那不但能以较低的价格成交，没准还能赚点小钱。

Noah加入了这个社区，还发了一款自己看重的皮鞋，想组织团购。但让Noah失望的是，并没有几个人参与，有些人问了他一些问题后就消失了，有些人则表示"再考虑一下"。

Noah认真研究了一下，发现是之前有人收了大家的定金，就删号跑路了，钱也追不回来，所以大家对新人、新账号比较谨慎。

思来想去，Noah觉得还是得打造一下自己的账号才行。好在他在这个领域浸淫多年，拍拍家里的物品和自己当天的穿搭就有素材发布。空闲的时候，他也会写一些文章，或者做视频，展示自己对时尚的独特见解和对商品的挑选眼光。除了分享自己的购物心得，他还主动与其他社区成员互动，了解大家的购物偏好和需求。

慢慢地，Noah成了社区内的"潮流达人"，便开始组织一些潮流商品的小团购活动。他喜欢组织团购一些小众品牌的产品，尤其是国外的品牌。因为竞争对手少，而且更容易与品牌商家谈判，获取更有竞争力的价格。

他每次组织团购都会发布详细的商品信息、团购价和购买流程，看起来就比较正规可信。而且由于他有一定粉丝量，大家参与团购时更放心，不怕他突然跑路，所以即使有其他人组织团购，大家也更愿意参与他组织的团购。

另外，很多团购组织者由于嫌麻烦，不会帮忙解决售后问题，而Noah本身就有丰富的购买经验，对剪裁、面料的辨别也比较专业。他在收到商家发来的货品后，如果觉得货品质量有问题，会第一时间去找商家沟通，要求妥善解决。如果是个别商品有问题，客户收到货后跟他反馈，他也会积极帮忙。因为有些商品是国外品牌，客户在语言沟通方面不是很流畅，而Noah的经验相对丰富，更容易帮客户争取到合理的赔偿。

靠着贴心的服务和独具特色的选品，Noah的个人主页汇聚了一批热衷于潮流时尚的粉丝。每当有新的潮流商品上线，他的团购活动都能迅速达到成团人数，并在短时间内完成集资。这不仅使他和他的粉丝以更经济的价格购得了心仪商品，也为他赚取了一些团购提成。

从Noah的成功案例中，我们可以得到利用社交媒体开展副业的一些启示。

1. 选择更具专业性和共性的社交媒体垂直社区。社交媒体垂直社区是指在社交媒体平台上，通过加入或创建专注于特定领域或兴趣的社区，与志同道合的人分享、交流和互动。社交媒体垂直社区通常是垂直的、专业化的，用户画像很有辨识度。由于有共同的爱好，这些人会更容易形成紧密的共同体，建立更深层次的社交关系。Noah分享的时尚见解和购物心得等，如果是在广义的时尚圈，也许能吸引更多粉丝，但不一定能让他与其他潮流爱好者建立起如此紧密的联系，也很难有针对性地开展他的副业。

类似的垂直社区有很多，比如美食探讨社区、健身爱好者社区、摄影分享社区、旅行者社区等。这些社区也还能继续细分，比如专注于分享和讨论美食的社区、分享烹饪技巧的社区、专注于餐厅推荐的社区等。

2. 专注于某一细分领域。我们平时上网可以想加入哪个社区就加入，但如果要打造个人品牌，最好能专注于某一细分领域。这是由于专注于某一细分领域可以让我们更深入地了解和掌握这个领域的知识，这会使我们更容易提供有价值的内容，吸引更多关注。而这也会让我们逐渐建立起专业声望。他人会将我们视为该领域的专家，增加信任感，提高对我们个人品牌的认可度。

3. 具体选择哪个细分领域，要看我们个人的兴趣和技能。不要一看别人赚钱多就跑去跟着做，除非学习能力很强，也能坚持几年，否则很容易不了了之。可以像 Noah 一样，从自己的兴趣出发，找到愿意付出努力的领域。

4. 理性对待家人意见。值得一提的是，Noah 的父母不赞成他的喜好，但他依然"固执"地继续坚持下来了，这一方面是由于他真的喜欢，另一方面也是由于他没有太大的经济压力。对于家人的不理解，我们需要理性看待。如果经济方面没有大的压力，本身也不是在做违法乱纪或不道德的事情，那么选择坚持自己的喜好也没什么问题。如果随着结婚生子、父母年纪变大等事件发生，经济压力增大，那就应该学着开源节流。如果依然不能减轻经济压力，那可能就要我们做出一些牺牲，担负起责任了。

7.3

精准定位房地产客户的副业成功故事

Grace 是一个普普通通的上班族，做过很多副业，比如线上英语教学、翻译等。虽然赚钱不多，但通过兢兢业业地工作，以及精打细算地省吃俭用，她终于攒到了一笔钱，准备买一套属于自己的房子。

Grace 将自己可以动用的钱，以及相关的税费、装修费用等做了精确估算，又深入了解了房贷利率和不同期限的还款方式，为自己找到了最合适的贷款方案。

接下来，Grace 根据工作地点、生活便利度和未来的发展潜力等，仔细挑选了几个目标小区。她将休息时间都用来实地走访，了解各个区域的房价走势和配套设施。

在选择房屋时，Grace 很注重房子的结构和装修状况。她学会了如何仔细检查房屋的隐患，了解了不同建筑材料的特性。她还向从事相关工作的朋友请教了一些建筑方面的知识，以确保购买的房子是值得的。

由于Grace拥有的资金不多，对房屋的品质要求却较高，所以她一直没有找到适合的房子。不是她嫌房子不够好，就是卖家嫌她出的价格不够高。

认真挑选了大半年，Grace几乎把城里的小区转遍了，对某些房屋品质不错的小区和楼层更是了如指掌。

一个周末，Grace又去看一套湖边高层。她对这套房子各个方面都很满意，咬咬牙也能买得起，但她还在犹豫。毕竟赚钱不易，这套房可能会影响她未来二三十年的生活。

由于Grace经常看房，但一直没有买，加上周末中介工作忙，所以中介没有陪她看房，而是告诉她钥匙在门口地垫下，可以自便。Grace也不在意，自己坐在空荡荡的露台上，望着远处阳光普照的湖泊，认真思索到底要不要购买。

不知不觉间，Grace听到屋里有人说话。估计是有中介带别的客人来看房了。

中介看到了她，主动跟她打招呼。大概是为了让她知道房子很抢手，还故意跟Grace说，这房子各方面都很好、很紧俏，估计上午的某个客户要定下来了。

Grace觉得有些尴尬，又有点信他的话，怕房子真被卖了，犹豫着要不要一狠心一跺脚直接付定金算了。她看了看中介刚带来的客户，发现好像是个外国人。

外国人？买这儿的房子？

Grace 觉得有些新奇。她听中介磕磕巴巴地蹦英语单词，时不时还用手机翻译好，拿给对方看，不由得觉得有些好笑，便跟那个外国人攀谈起来。

Grace 的英语口语不错，跟对方聊天很轻松。对方见好不容易有个能正常交谈、能咨询房屋事宜的人，也愿意跟她交流。Grace 这段时间看了那么多房子、学了那么多相关知识，此刻简直宛如专职中介，说得头头是道、口若悬河。

她听说这位外国客人想把家人接过来一起住，又听说他家里有3个孩子，还看了看他手机上的照片，发现孩子年龄都比较小，不由得说："那这个小区的房子对你们来说可能不是最好的。这里虽然离你上班的地方近，但是小区物业一般，出入小区的人比较杂，附近也没有比较好的幼儿园，小区里的娱乐设施也很少，孩子都没什么可玩的。你看过别的小区吗？我知道有套房子，在××小区，离这儿不远。房子户型好，小区绿化特别棒，物业也很好，夏天的时候我还看到有孩子和家长在小区花园里搭帐篷……"

Grace 详细阐述了那套房子的优劣，那位客户听得心生向往："Grace，那套房子在哪里，请你带我去看看，好吗？"

Grace 知道找到合适的房子有多么不容易，欣然答应。

一旁的中介听他们聊得火热，虽然听不太懂，但也知道他们的沟通很顺畅，不由得有些羡慕。见他们要一起出门，不由得跟上去问 Grace 怎么回事。

Grace 说明了原因，中介蒙了——为什么感觉不对劲？他内心有点挣扎，不过还是跟他们一起去了。

看了 Grace 推荐的那套房子，又了解了周边配套的学校、医院、超市等详细情况，那位客户很满意，说这就是他梦想中的家。

Grace 听了也很高兴。她见那位客户向中介表达了自己的购买意愿，中介报了一个价格，但客户似乎不是很会讨价还价，Grace 便主动说："他们给的价格都可以再谈的，你最好找一个中文比较好的朋友帮你跟他们沟通。"

"Grace，我在这里没有很好的朋友。关系一般的人，比如一起工作的同事、合作方，我不想麻烦他们。不过，你说得对，我应该请一个人帮我跟他们谈，一个专门的人……"

Grace 脑中灵光一闪，说："你看我怎么样？"

就是这个周末的下午说的这句话，对 Grace 的未来产生了深远影响。

她替这位客户出面，与房产中介和卖家沟通，争取到了更为合理的价格。在整个购房过程中，Grace 还学到了很多法律知识，尤其是关于外国人在华置业方面的知识。她了解了购房合同的重要条款，也咨询了专业的律师，以确保整个交易合法顺利进行。

最后，Grace 促成了这笔购房交易。她看着手机里的收款记录，内心充满了喜悦和满足。

Grace 了解到，她所在的城市吸引了不少外资公司前来，有些公司会派遣本国员工前来工作。这些人里，难免会有人需要购置产业。但本地还没有很完善的配套产业，也没有太多人做这类沟通服务工作。Grace 想，她何不在这方面下点功夫？

这钱可比翻译之类的多多了。

说干就干，Grace查找资料，对本地的外资公司做了大致了解，知道了它们的地址、规模等一般情况，对公司附近的小区也做了深入了解。她又从多方面了解了外国人的居住习惯、喜好和需求，对本地可能会受他们喜爱的房源做了深入了解。她还通过之前的房产中介，跟中介公司谈好了合作，她可以帮他们接待外国客户，但需要获得提成等。

Grace不是为了从他们那里获得客户，主要是想得到获得提成的权利。

她自己整理了宣传材料，将其翻译成多国语言，并在国际社交媒体平台上进行有针对性的推广。她还主动参与了一些国际社区的活动，加入了外国人社交圈，与一些人建立了良好的关系。

通过这种人际网络的拓展，Grace获得了一些客户资源。由于Grace服务专业，能很好地理解客户的需求，有时客户想不到的问题，她也能想到，因此获得了极高的赞誉。这些客户大多跟她成了朋友，当有认识的人想要购置房产时，也会介绍给她。

通过精准的目标客户定位，Grace成功拓展了新副业。她的经验告诉我们，在进行副业选择时，不妨将目光放远一点，勇敢尝试。

1. 理性生活，适当积蓄。Grace做过很多副业，在这个过程中，她的业务水平、人际交往能力都得到了提升，这也为她后来开展房地产副业打下了基础。在赚钱的同时，她也懂得精打细算，攒下了一笔购房资金。这种理性的生活方式有助于实现财务目标。

2. 随时随地学习，积累知识和财富。Grace本身在打算购房时就做了很多功课，因此开展新副业时，可以相对容易地上手。从她主动帮助客户看房源、谈价看，她本身比较适合这项副业，也能从中获得成就感和价值感。

3. 积极拓展人脉，主动推销自己。当决定开展这项副业时，她会积极主动地发现机会，这说明广泛、有深度的人际关系对事业发展具有积极影响。而她也不负所望，通过专业服务获得了更多的口碑推荐和客户引荐。

4. 有专业精神。从Grace的事例看，做事专业会更容易带来成功。当别人外语表达不流畅时，她可以用流利的外语沟通；当别人只是简单地带客户看房时，她能考虑客户的具体需求，精准推荐。将心比心，如果是我们自己需要买房，遇到Grace这样的中介肯定更愿意听她的介绍，从她那里成交。做别的副业时也一样。当别人只是"会做"时，如果我们可以"做好"，当然会更容易获得口碑和推荐。

7.4

业余作者最快出书的秘诀

David 从小喜爱阅读，对写作也抱有极高的热情。他一直梦想着成为一名作家，创作属于自己的故事。他经常在脑中构思自己的故事，偶尔也会写下大概的情节，但由于学业紧张、工作繁忙，他一直没有时间完成自己的故事。

岁月流逝，David 回首自己的过去，觉得再这样下去，也许永远没有机会完成自己的作品了。他想，其实也不至于忙到什么都没时间写，只是他往往把时间花费在其他事情上。如果下定决心写作，总是可以抽出时间，一点点完成的。

David 决定迎接他的写作梦想，开始自己的副业生涯。

他首先明确了自己的写作目标——以最快的速度完成一本小说并出版。为了做到这一点，David 选择了自己熟悉且热爱的悬疑题材。他相信，对题材的熟悉和热情能让他更容易进入创作状态。

为了提高写作效率，David制订了一份详细的计划。每天晚上，他会在家中的小书房里专心创作两个小时。这可以帮他保持专注，避免拖延。

当然，David在写作过程中也遇到了一些困难。

最初，他用钢笔在笔记本上书写，因为他觉得这会让自己更有灵感。但实践过几天，他回头浏览自己之前的创作时，发现好些字已经认不清了——他的书写很潦草，字迹本身也不算美观。另外，修改也不方便。他简单改了改字词，就画得乱作一团，很难辨认。

不得已，David试着用电脑写作。不知道是因为心理原因，还是因为没有了灵感，他经常一晚上都写不了多少，即使写了，第二天回头看的时候也觉得很糟糕，于是全部删除了。

这种状态让David很泄气。看来，写作并不如他想象的那么简单。

在这种情况下，David决定向更专业的人学习。他不认识什么大作家，但很多大作家都写过相关文章谈自己的创作经验。通过阅读，David知道了很多作家的写作经验，觉得有道理的，他都一一尝试。

比如，有的作家会把自己关在"小黑屋"里，屋里除了桌椅和打字机，什么都没有。他们通过减少外部干扰让自己保持专注。David家里比较小，没有这个条件专门腾出一间小黑屋，便将书桌上的物品都清空，也强迫自己不乱动书架上的图书，而是老老实实坐在书桌前，专心写作。

再比如，有的作家说自己会先想好第二天写什么再停笔，如果没想好，就继续写，直到想明白。David 觉得这个方法很有道理。他以前经常在电脑前呆坐半小时，因为不知道怎么开始写接下来的故事。不过，由于他白天还要上班，没有办法一直写下去，所以他会在想到一些简单后续后就停笔，怀着明天继续写下去的期待洗漱睡觉。

David 还发现，很多作家喜欢天刚亮、家人还没有起床、周围很安静的时候开始写作。当然，也有的作家喜欢深夜时分，家人都睡着以后写作。他们的共同点是都喜欢安静，习惯在没有他人打扰的时间写作。David 觉得这也可以借鉴。他之前一直在晚饭后写作，时常有家人进书房跟他说话，打乱他的写作节奏。他不想也不能拒绝家人的这种"打扰"，毕竟平时工作忙，每天跟家人互动的时间已经很少了，还将他们拒之门外的话，未免有点不近人情。

David 比较注重健康，觉得熬夜写作对身体伤害大，于是决定每天早起写作。

早起了几天后，David 发现这并不适合他。他的本职工作很忙，压力也大，睡眠不足会导致一整天都头脑不清醒，忙中出错。再说了，早起写作的成果也没多好，他写东西的时候觉得脑子都是木的，根本转不过来。

于是，David 又进行了调整。

通过不断摸索和试验，David 有了适合自己的写作模式：每天早晨思考故事剧情，中午午休时记下大致剧情走向，临睡前写一小时，周末去共享办公室写一天。

在研究写作的过程中，David 加入了几个写作社群，偶尔会与其他作者交流心得。在这个社群中，他认识了几个比较谈得来的朋友，会和他们分享自己的写作计划、经验和困惑，也从他们那里获得了许多宝贵的建议。

终于，三个月后，David 成功地完成了他的第一部小说。

完成之后，他想起之前看过的其他作家的建议，将书稿放置了三个月，转而写第二部小说。三个月后，他从头阅读第一部小说，发现了不少问题，比如写作手法上的不足、遣词造句的不恰当、人物行为逻辑不合理等，于是进行了细致的修改。

修改完后，David 本打算继续将这本书稿搁置几个月，不过他突然想到，与其闭门造车，不如多问问其他人的意见。他在写作交流网站上搜索到了一些出版社、杂志、图书公司的投稿邮箱，选择了几个风格合适的出版方，准备轮流投稿。

有的出版方编辑回复很快，有的回复很慢，但基本是婉拒。David 知道自己是新手作者，也不着急，只是客气地请对方告知具体的退稿理由。大部分编辑都没有回复他，但也有个别编辑阐明了自己的意见：故事缺乏新意、人物形象不够立体等。

David 刚看到这些意见时还有些不服气，不过他冷静了几天，仔细想了想自己的小说情节，发现确实有些老套。

接着他又觉得很庆幸，还好没有自顾自地一遍遍改下去。

这种故事情节，除非推翻重来，不然怎么改都是换汤不换药。

David 向给自己提意见的编辑发送了好友申请，诚恳地表示感谢，希望以后能继续向编辑投稿等。

编辑通过了他的好友申请，主动说他的文笔不错，故事本身也写得很流畅，鼓励他继续好好练习。

David 精神一振，试探着问，以后可不可以写好故事大纲和人设就请编辑看看，如果写得好他再继续写正文，写得不好就继续修改，或者另外想其他故事。

编辑表示可以，不过也委婉地提醒他，可以自己想好了，请朋友、家人帮忙看看提意见，觉得很不错了再给她看。

David 知道，编辑是怕他随便写个大纲就请她看，浪费她的时间，于是表示自己会好好琢磨，修改到满意了再请编辑帮忙看。

从那之后，David 想出了好几个故事，但跟其他作者说了大概情节后，他们都表示不是很吸引人。

David 不甘心，觉得可能是这些朋友水平不够，就还是选了一个自己觉得不错的，整理好后发给编辑，请她有空帮忙看看。

结果编辑也说故事俗套，不吸引人。

David 叹气，怀疑自己是不是缺乏创造力，所以才想不出新奇的故事。好在他不是个容易放弃的人，平复好情绪后，又想起了那些专业的作家。他们也会遇到这类情况吧？

David 又翻看了一遍作家们的创作心得，发现有些作家确实谈到过这方面的问题，只是他之前没有留意。David 认真看了一遍，又看了一些关于故事创作方面的书，跟着书中的方法一点点实践，寻找适合自己的方法。

他学到了一些创意写作的方法，比如在许多小纸条上分别写一些人物、事件等关键词，然后随机抓阄组合。一些平常不会联想到一起的人物、事件组合在一起时，可能会让人觉得比较新奇。当然，不是说就按照这种组合写下去，只是在构思过程中学会打破固定思维，塑造更立体、更符合逻辑的人物形象。

就这样，一边实践一边学习，David 完成了许多故事大纲和人设。大多数他过段时间看就能看出问题，觉得不满意；少部分他觉得还可以的，也会被其他人指出问题。好在经过不断尝试，David 终于交出了一份编辑觉得还不错的答卷。编辑让他写一万字正文，如果写得好，可以跟他签出版合同。

David 兴奋过后，潜下心来认真写作。写完之后，他又认真修改了几遍，才将稿子交给编辑。

一切顺利。

虽然作为新作者，David 的新书首印量不高，他能拿到的版税也不多，但好的开头就是成功的一半，所以他依然很高兴。

像 David 一样有写作梦想的人不在少数，但真正开始写作的人不多，开始后能一直坚持下去的更少。以写作为副业要想成功很不容易，但我们可以从 David 的经历中获得一些启示。

1. 先定下一些小目标。如果想要将写作当成副业，最好能根据自己的兴趣和能力，定下一些可实现的小目标。不一定要像 David 那样将出版一本小说当作目标，可以是发表一篇文章，也可以是获得几个"赞"和"收藏"等。定下目标后，我们会更有努力实现目标的动力，实现目标后也会感到满足，获得自信。

2. 向专业的人学习。在遇到困难时，向专业的人学习是很好的解决之道。我们也许不认识很多杰出的人，但在这个信息交流畅通的时代，阅读那些我们敬佩之人写的文章是较容易的。如果对方在社交媒体上有账号，我们还可以更近距离地学习，留言请教。

3. 规划具体的操作细节。很多时候，我们之所以会放弃，就是因为不知道如何继续。像 David 那样设定目标，规划具体的操作细节，遇到问题时了解具体是什么样的问题，怎样做可以解决问题，可以相对长远地走下去。向更专业的人学习，并通过阅读其他人的经验找到解决方法是可以借鉴的技巧。

4. 参加社群，与同行交流。在写作或进行副业工作的时候，独自坚持可能比较难。参加社群，与其他同行交流、分享，获得建议和支持可以帮助我们走得更远。当然，有的作者也会选择将作品发布在互联网上，直接面向读者，与读者交流。如果是会对批评耿耿于怀的人，最好不要直接在网上面对读者，可以先跟其他作者、编辑沟通，听听他们的建议。他们在建议时一般会比较委婉，不会过于打击我们的自信。如果没想好写什么，不容易坚持写长篇，可以写自己擅长的题材练笔，用不断的成功激励自己继续前行。

5. 保持热情，坚持下去。如果我们真的对某件事有兴趣，又暂时没有其他更重要的事情需要我们去做，不妨多努力一段时间看看效果。不要觉得自己没有天赋、做不好，做到普通优秀并不需要多少天赋，很多人只是习惯了放弃。很多事情都有方法，通过阅读、咨询专业人士找到方法，可以让我们少走许多弯路。

7.5

个人兴趣和社会责任的结合：环保爱好者的副业故事

Evelyn 在一个风景宜人的小县城长大。在离她家不远的地方有一条清澈的河流，小时候，她经常和奶奶一起去河边。奶奶会坐在河边的石头上洗洗涮涮，她则用自制的鱼竿钓鱼。周末的时候，她会和奶奶一起去森林里挖草药、捡蘑菇。

可那都是很久以前的事情了。在 Evelyn 上中学的时候，那条小河的水开始发出臭味，人们不再去河边洗东西，也不再去河边钓鱼了。森林的边界一直往后退，那些几人合抱粗的大树都消失了，新的原野陌生而单薄……

每当想起这些，Evelyn 都感到无比可惜。母亲告诉她，虽然我们无法改变这样的情况，但可以从自己能做到的小事做起。如果每个人都爱护环境，不乱丢垃圾，不制造非必要的垃圾，也许有一天，那条小河会重新变得清澈。

Evelyn 认为妈妈说得有道理，于是和妈妈约定，从生活中的小事做起，随手关灯、关水龙头等。出去玩，尤其是去爬山、去河边野餐的时候，如果看到路边有垃圾就捡起来。

随着年龄的增长，Evelyn 对环保的关注逐渐加深。她开始主动了解环保知识，参加环保组织的活动，并在社区中倡导可持续生活方式。她劝说亲戚、朋友、邻居们少用塑料袋、多用布袋，减少能源消耗。

她的环保理念是简单而坚定的：每个人都应该对地球的未来负起责任。她的目标是通过自己的行动和努力，激发更多人加入环保事业。她梦想着创造一种更绿色、更可持续的生活方式，让以后的孩子们也能享受美丽的自然环境。

因此，她一直希望自己能鼓励更多的人加入环保行动。学会上网以后，Evelyn 就开始在社交媒体上分享环保知识，发布有关环保的文章、图片和视频，号召大家采取更环保的行动。

一天，Evelyn 在社交媒体上分享了一篇关于可持续生活方式的文章。她对自己的生活方式进行了说明，包括非必要不购买新物品、不使用一次性物品等。这篇文章的浏览量很高，许多网友留言表示，不是自己不想环保，是很多时候不得不做一些不环保的事：跟环保有关的东西使用起来都比较麻烦，而且他们也不知道哪些东西是环保的。

Evelyn 突然想到，她可以挑选一些环保产品，包括可回收的生活用品、可降解的清洁用品等，让大家明白这些是相对环保的产品，在选择同类商品时可以优先考虑。

她列了一张清单，对上面的产品做了详细的调查，以确保这些产品符合环保标准。

Evelyn请人做了一个网站，在网站上列明了详细的产品信息，包括每个产品的环保特点和可持续性资料，购买者可以很方便地浏览和购买这些产品。

为了践行环保原则，不让过度的防震包装、物流等造成新的垃圾，Evelyn没有自己进货售卖，而是将商品介绍页面链接到货品丰富的电商超市，并鼓励大家不单独购买，而是在购买其他物品时一起下单。

同时，她还在网站上定期分享有关环保和可持续生活的知识，用有视觉冲击力的照片告诉大家人类对地球造成的破坏。她还与其他环保组织和个人建立了合作关系，读者可以从他们的社交媒体账号链接到这个环保主题网站。

由于电商超市有返利机制，消费者通过推广链接下单，推广者可以获得佣金，因此Evelyn可以获得一些推广收益，保证网站的正常运营。随着关注者增加，购买环保产品的消费者越来越多，Evelyn有了多余的收入可以用在环保行动上，比如购买树苗种植，助力森林保护和生态修复。

Evelyn发现，通过将自己的热情和社会责任与副业相结合，她不仅创造了经济价值，还在环保领域做出了积极的贡献。她的副业不仅改变了自己的生活，还影响了很多人的生活方式和思考方式。

Evelyn 的故事展示了如何将个人兴趣和社会责任融入副业，在创造经济价值的同时，也为社会和环境做出积极贡献。从她的副业创业经历中，我们可以得到两点启示。

1. 保持对理想和社会责任的热情。正是由于对环保怀有极大的热情，Evelyn 才有动力坚持不懈地传播环保意识。她充分利用社交媒体平台，多年如一日地分享有关环保的信息，希望能借此扩大自己的影响力，让更多人加入环保行动。正是因为这种热情和影响力，Evelyn 才有可能建立环保主题网站，引导大家购买环保产品。

2. Evelyn 的副业采用了可持续的商业模式，通过与电商超市合作，减少了包装和物流的浪费。这种可持续经营方式有助于降低环境影响，同时有助于保持副业的经济稳定性。虽然赚取的收入可能会降低，但也没有了囤货、租赁场地等成本。即使没有人购买，她也只需要付出网站建设成本和运营费用。

除了环保，还有许多其他类型的副业可以将个人兴趣和社会责任融入其中。比如，一些艺术家会用他们的作品来传达社会问题和价值观，他们通过创作图画、雕塑等方式，批判或支持某些现象和观点。

有些人还会使用叙事艺术，如小说、电影、戏剧和音乐，来讲述社会问题。这种叙事可以通过虚构的方式探讨现实生活中的问题，引发观众的共鸣。如果我们从事相关副业，也可以用这种方式表达自己的观点。

事实上，只要有心，从事任何副业都有可能实现我们的理想和社会价值。

比如，有的开办乐器培训班的老师，如果遇到某个学生想学习一种很少人学的乐器，会收取较低的学费，因为他希望有更多的人学习这种乐器，让这种乐器的声音继续流传。

再比如，有的开饭店的老板，会免费给经济困难的人提供食物。为了照顾他们的自尊心，还会设定一些"暗号"，使他们免于尴尬。

这样的做法都是对社会责任的积极响应，是值得我们借鉴和学习的。

我们都是普通人，面对生活的压力和繁忙的日程，可能无法将副业与社会责任结合，但在日常生活中，我们仍有机会为理想和社会责任做出微小而有意义的贡献。